GUIA PARA O MEMBRO DA IGREJA

GUIA PARA O MEMBRO DA IGREJA

EDIÇÃO REVISTA (2017-2021)

Neville Bartle • Scott Stargel

Copyright © 2020
Neville Bartle e Scott Stargel

ISBN 978-1-56344-002-1

Tradução para o português europeu (pré-AO90) por Priscila Guevara, Raquel A.E. Pereira, Susana Reis Gomes.

Este livro foi publicado sob a licença CC BY-NC 4.0 da Creative Commons *(creativecommons.org)*

O leitor tem a liberdade de:

Compartilhar - copiar e redistribuir o material através de qualquer meio ou formato

Adaptar - remisturar, transformar e desenvolver o material
O licenciante não pode revogar estas liberdades enquanto os termos da licença forem seguidos.

Ao abrigo dos seguintes termos:

Atribuição - Deve dar o crédito apropriado aos autores e indicar se foram feitas alterações. Pode fazer isso de qualquer forma razoável, mas não de forma que sugira que o licenciante o subscreve ou o seu conteúdo.

Não Comercial - Não pode usar o material para fins comerciais.

Sem restrições adicionais - O leitor não pode aplicar termos judiciais ou medidas tecnológicas que, legalmente, restrinjam que outros façam algo que a licença permite.

Publicado por Literatura Nazarena Portuguesa (Lisboa)

Salvo indicação em contrário, todas as citações das escrituras são da Bíblia Sagrada, João Ferreira de Almeida Revista e Corrigida. Todos os direitos reservados em qualquer parte do mundo.

As citações das escrituras marcadas com "ERV" são retiradas da BÍBLIA SANTA: VERSÃO FÁCIL DE LER © 2001 pelo World Bible Translation Center, Inc. e usadas com permissão.

ÍNDICE

Nota ao Leitor / 7

A Nossa Declaração de Missão / 8

Capítulo 1
 Os Valores Essenciais da Igreja do Nazareno / 9

Capítulo 2
 Os Artigos de Fé / 13

Capítulo 3
 Ser Membro na Igreja do Nazareno / 27

Capítulo 4
 Organização da igreja / 45

Capítulo 5
 A Igreja Local / 49

Capítulo 6
 O Distrito / 67

Capítulo 7
 A Assembleia Geral / 81

Capítulo 8
 O Ministro Nazareno / 87

Conclusão / 97

Anexo
 Assuntos morais e sociais contemporâneos / 99

NOTA AO LEITOR

Este pequeno livro é um guia para ajudar os membros da igreja a entenderem melhor a Igreja do Nazareno. Ele mostrará o que nós nazarenos acreditamos, como nos governamos e qual é o nosso propósito.

A Igreja tem um livro oficial chamado *O Manual da Igreja do Nazareno,* mas geralmente tratamo-lo apenas por "Manual". É um documento legal, e é muito detalhado. Muitas pessoas acham-no difícil de ler e de entender, mesmo as que falam inglês como seu idioma nativo. Por isso, preparámos este resumo de fácil leitura dos principais pontos do Manual, com foco nas partes relacionadas às actividades da igreja local e do distrito.

Embora tenhamos sido muito cuidadosos ao preparar este livro, lembre-se de que o Manual é o recurso oficial. Ao longo do livro, irá ver uma marca de parágrafo parecida com esta: ¶. É seguida por números. Esses números referem-se às secções da versão 2017-2021 do Manual. Procure aí por informações adicionais.

Que Deus o abençoe à *medida que* O segue!
—Neville Bartle e Scott Stargel

A NOSSA DECLARAÇÃO DE MISSÃO

O trabalho da Igreja do Nazareno é apresentar a todas as pessoas a graça transformadora de Deus que perdoa os nossos pecados e limpa os nossos corações através do sangue de Jesus Cristo.

A nossa missão é "fazer discípulos semelhantes a Cristo nas nações", levar os crentes às congregações (membros da igreja) e instruí-los para que possam envolver-se no ministério.

O nosso objectivo é ver pessoas a viver vidas santas através do poder do Espírito Santo para a glória de Deus.

CAPÍTULO UM

OS VALORES ESSENCIAIS DA IGREJA DO NAZARENO

Os valores essenciais representam as nossas maiores prioridades e as nossas crenças mais profundas. Eles definem quem somos e o que nos motiva. Usamos três palavras para resumir estes valores: cristão, de santidade e com uma missão.

Cristão

Somos um povo cristão, unido a todos os verdadeiros crentes na proclamação de Jesus Cristo como Senhor. Cremos que Deus nos ama tanto que deu o Seu único filho, Jesus, para ser o nosso Salvador. Cremos que por causa da morte sacrificial de Jesus, todas as pessoas podem receber perdão dos pecados e ser restauradas para um relacionamento correcto com Deus.

Já que fomos reconciliados com Deus, acreditamos que também devemos reconciliar-nos uns com os outros. Devemos amar-nos uns aos outros da mesma maneira que Deus nos amou; devemos perdoar uns aos outros porque Ele nos perdoou.

Aceitamos a Bíblia como a fonte da verdade espiritual. Afirmamos as crenças e os credos históricos da fé cristã. Valorizamos o nosso lugar no que é chamada de tradição wesleyana de santidade.

Por "wesleyano", identificamo-nos com os ensinamentos de João e Carlos Wesley que instigaram um despertamento espiritual em todo o mundo no século 18. Por "santidade", identificamo-nos com os avivamentos espirituais dos séculos 19 e 20, que foram impulsionados por líderes como Phineas Bresee, Charles Finney e Phoebe Palmer e à sua firme crença de que Deus deseja santificar os crentes, transformando-os em discípulos mais semelhantes a Cristo.

De Santidade

Somos um povo de santidade. A Bíblia, a que chamamos de Escrituras, e a graça de Deus chamam-nos a adorá-Lo e a amá-Lo com todo o coração, alma, mente e força, e ao nosso próximo como a nós mesmos.

Acreditamos que, em resposta à nossa fé, o Espírito Santo começa a transformar e a capacitar-nos dia a dia para ser um povo de amor, disciplina espiritual, pureza ética e moral, compaixão e justiça. É a obra do Espírito Santo que nos restaura à imagem de Deus e produz em nós o carácter de Cristo. A santidade na vida dos crentes é mais claramente entendida como semelhança de Cristo.

Com uma Missão

Somos um povo com a missão de divulgar as Boas Novas em todo o mundo. A nossa declaração de missão é simples: *fazer* discípulos semelhantes a Cristo nas nações.

A nossa missão começa quando nos reunimos para adoração e depois saímos para o mundo.

É expresso quando recebemos novos crentes na comunhão e começamos novas congregações de adoração.

Compartilhamos o amor de Deus com aqueles que estão perdidos e a Sua compaixão pelos pobres e quebrantados, ajudando a atender às reais necessidades das pessoas magoadas. Estamos comprometidos em convidar as pessoas à fé, em cuidar dos necessitados e em incluir na nossa comunhão todos os que invocarem o nome do Senhor.

Estamos comprometidos em treinar e educar o nosso povo para que homens e mulheres sejam equipados como líderes cristãos para realizar o serviço para o qual Deus nos chama.

CAPÍTULO DOIS

OS ARTIGOS DE FÉ

Muitas vezes, as pessoas perguntam-nos: "No que é que os nazarenos acreditam?" Não existe uma resposta simples para essa pergunta, embora possamos dizer com Paulo: "Jesus é Senhor!" Embora essa seja uma afirmação poderosa, ela não fornece muita informação.

Para afirmar com precisão as nossas crenças, os nazarenos seguiram a tradição de milhares de anos da história cristã ao adoptar um credo oficial. Um credo é uma lista de declarações que geralmente começam com a frase "Cremos". Resume as crenças mais importantes da Igreja.

A seguir, é apresentada uma versão de fácil leitura dos artigos de fé. As declarações oficiais são encontradas no início da nossa constituição no Manual. Eles evoluíram ao longo do tempo para melhor reflectirem as mudanças na linguagem, assim como a compreensão da Igreja sobre as verdades eternas encontradas na Bíblia. Cada artigo tem várias referências das Escrituras no final para mostrar a sua base bíblica.

Artigo 1: Deus Trino

Cremos num só Deus que é eterno e sem limites. Ele é o criador e o governador do universo. Ele sustém todas as coisas. Deus é santo em cada parte do Seu ser. Ele é luz e amor santos. Deus é um ser cuja natureza é trinitária. Ele é-nos revelado como Pai, Filho e Espírito Santo: a Trindade. [¶1]

Génesis 1; Levítico 19:2; Deuteronómio 6: 4-5; Isaías 5:16; 6:1-7; 40:18-31; Mateus 3:16-17; 28:19-20; João 14:6-27; 1 Coríntios 8:6; 2 Coríntios 13:14; Gálatas 4:4-6; Efésios 2:13-18; 1 João 1:5; 4:8

Artigo 2: Jesus Cristo

Cremos em Jesus Cristo, a segunda pessoa da Trindade; que Ele é eternamente um com o Pai; Ele tornou-se encarnado pelo Espírito Santo e nasceu da Virgem Maria. Ele não é um homem que se tornou um deus nem um deus que simplesmente pareceu ser um homem. Em vez disso, Ele é totalmente Deus e totalmente humano: duas naturezas combinadas numa, o Deus-homem.

Cremos que Jesus Cristo morreu pelos nossos pecados. Ele ressuscitou dos mortos e tomou de novo o Seu corpo, juntamente com tudo o que pertence à perfeição da humanidade. Ele ascendeu aos céus onde agora intercede por nós. [¶2]

Mateus 1:20-25; 16:15-16; Lucas 1:26-35; João 1:1-18; Actos 2:22-36; Romanos 8:3, 32-34; Gálatas 4:4-5; Filipenses 2:5-11; Colossenses 1:12-22; 1 Timóteo 6:14-16; Hebreus 1:1-5; 7:22-28; 9:24-28; 1 João 1:1-3; 4:2-3, 15

Artigo 3: O Espírito Santo

Cremos no Espírito Santo, a terceira pessoa da Trindade, que trabalha continuamente na Igreja de Cristo e por meio dela. Ele convence o mundo do pecado e dá nova vida àqueles que se arrependem e crêem. Ele santifica os crentes. O Espírito Santo guia em toda a verdade revelada em Jesus Cristo. [¶3]

João 7:39; 14:15-18, 26; 16:7-15; Actos 2:33; 15:8-9; Romanos 8:1-27; Gálatas 3:1-14; 4:6; Efésios 3:14-21; 1 Tessalonicenses 4:7-8; 2 Tessalonicenses 2:13; 1 Pedro 1:2; 1 João 3:24; 4:13

Artigo 4: As Escrituras Sagradas

Cremos que a Bíblia é plena e divinamente inspirada. A totalidade dos sessenta e seis livros do Antigo e do Novo Testamentos revela sem erro tudo o que precisamos saber para a nossa salvação. Todos os nossos artigos de fé devem ser baseados nesta compreensão sobre a Bíblia. [¶4]

Lucas 24:44-47; João 10:35; 1 Coríntios 15:3-4; 2 Timóteo 3:15-17; 1 Pedro 1:10-12; 2 Pedro 1:20-21

Artigo 5: Pecado

Cremos que o pecado veio ao mundo quando os nossos primeiros pais, Adão e Eva, desobedeceram a Deus. O pecado deles trouxe a morte à criação. Cremos que existem dois tipos de pecado: pecado original e pecado pessoal.

Cremos que todas as pessoas nascem com uma natureza corrompida, chamada pecado original ou depravação. Esta natureza separa-nos do estado original de rectidão, que é o estado puro dos nossos primeiros pais na altura em que Deus os criou. Estamos espiritualmente mortos e vivemos continuamente inclinados para o mal. Cremos que o pecado original permanece dentro do coração do cristão até que seja totalmente purificado pelo baptismo com o Espírito Santo.

O pecado original é diferente de pecar. É uma inclinação herdada que nos leva a cometer actos pecaminosos. As pessoas não são julgadas culpadas pelo pecado original até negligenciarem ou rejeitarem o remédio de Deus para ele.

O pecado pessoal, também chamado pecado actual, é o acto de violar intencionalmente uma lei conhecida por pessoas capazes de entender as suas acções. Tais pecados não devem ser confundidos com limitações involuntárias e inevitáveis, que são os resultados residuais da Queda. Pecados não são o mesmo que erros, fraquezas, falhas ou outras acções involuntárias que não estão em conformidade com um padrão de conduta perfeita. No entanto, estas limitações não são o mesmo que os pecados do espírito. Os pecados do espírito incluem atitudes e acções contrárias ao Espírito de Cristo. O pecado pessoal é primária e essencialmente a violação da lei do amor, que pode ser descrita como descrença em Jesus Cristo.

Pecado original: Génesis 3; 6:5; Jó 15:14; Salmo 51:5; Jeremias 17:9-10; Marcos 7:21-23; Romanos 1:18-25; 5:12-14; 7: 1-8: 9; 1 Coríntios 3:1-4; Gálatas 5:16-25; 1 João 1:7-8

Pecado pessoal: Mateus 22:36-40 (com 1 João 3:4); João 8:34-36; 16:8-9; Romanos 3:23; 6:15-23; 8:18-24; 14:23; 1 João 1:9-2:4; 3:7-10

Artigo 6: Expiação

Cremos que Jesus Cristo sofreu, sangrou e morreu na cruz para levar Deus e os seres humanos a um relacionamento correcto. Isso é chamado de expiação. Ela fornece o remédio para todo o pecado humano e é a única base da salvação. Jesus Cristo morreu por todas as pessoas. A graça de Deus providencia salvação para as crianças e para os incapazes de tomar decisões por si mesmos. Todos os outros devem arrepender-se e crer para ser salvos. [¶6]

Isaías 53:5-6, 11; Marcos 10:45; Lucas 24:46-48; João 1:29; 3:14-17; Actos 4:10-12; Romanos 3:21-26; 4:17-25; 5:6-21; 1 Coríntios 6:20; 2 Coríntios 5:14-21; Gálatas 1:3-4; 3:13-14; Colossenses 1:19-23; 1 Timóteo 2:3-6; Tito 2:11-14; Hebreus 2:9; 9:11-14; 13:12; 1 Pedro 1:18-21; 2:19-25; 1 João 2:1-2

Artigo 7: Graça Preveniente

Cremos que a graça de Deus, através de Jesus Cristo, é gratuita e dada a todas as pessoas. Ela capacita-as a escolher deixar o pecado e seguir a rectidão, crer em Jesus Cristo para perdão e receber a purificação do pecado. A graça de Deus capacita as pessoas a viverem de maneiras agradáveis e aceitáveis a Deus. Isso é chamado de "graça preveniente".

Cremos que a humanidade foi criada à imagem de Deus, que incluía a capacidade de escolher entre o bem e o mal. Isto é conhecido como responsabilidade moral. Por causa do pecado de Adão e Eva, todas as pessoas nascem com uma natureza corrupta. Pela sua própria força natural, elas não podem recorrer à fé e invocar a Deus, e não podem fazer boas obras para se salvarem a si mesmas. [¶7]

Imagem de Deus e responsabilidade moral: Génesis 1:26-27; 2:16-17; Deuteronómio 28:1-2; 30:19; Josué 24:15; Salmo 8:3-5; Isaías 1:8-10; Jeremias 31:29-30; Ezequiel 18:1-4; Miquéias 6:8; Romanos 1:19-20; 2:1-16; 14:7-12; Gálatas 6:7-8

Incapacidade natural: Jó 14:4; 15:14; Salmos 14:1-4; 51:5; João 3:6a; Romanos 3:10-12; 5:12-14, 20a; 7:14-25

Graça livre e obras da fé: Ezequiel 18:25-26; João 1:12-13; 3:6b; Actos 5:31; Romanos 5:6-8, 18; 6:15-16, 23; 10:6-8; 11:22;

1 Coríntios 2:9-14; 10:1-12; 2 Coríntios 5:18-19; Gálatas 5:6; Efésios 2:8-10; Filipenses 2:12-13; Colossenses 1:21-23; 2 Timóteo 4:10a; Tito 2:11-14; Hebreus 2:1-3; 3:12-15; 6:4-6; 10:26-31; Tiago 2:18-22; 2 Pedro 1:10-11; 2:20-22

Artigo 8: Arrependimento

Cremos que o Espírito Santo graciosamente dá um coração penitente e a esperança da misericórdia a todos os que se arrependerem. Então, eles podem crer e receber perdão e vida espiritual. A salvação requer arrependimento, que é uma sincera e completa mudança de mente acerca do pecado. O arrependimento envolve um sentimento de culpa pessoal e o afastamento voluntário do pecado. É necessário porque todos nós, através das nossas acções ou intenções, tornámo-nos pecadores contra Deus.

Cremos que é possível alguém voltar a pecar e a rejeitar a fé. Aqueles que voltam ao pecado ficarão irremediável e eternamente perdidos, a menos que se arrependam dos seus pecados. No entanto, cremos que aqueles que nascem de novo não precisam voltar ao pecado. Em vez disso, podem continuar a viver, sem interrupção, em comunhão com Deus por causa do poder do Espírito Santo que vive neles. O Espírito Santo testemunha ao nosso espírito que somos filhos de Deus. [¶8]

2 Crónicas 7:14; Salmos 32:5-6; 51:1-17; Isaías 55:6-7; Jeremias 3:12-14; Ezequiel 18:30-32; 33:14-16; Marcos 1:14-15; Lucas 3:1-14; 13:1-5; 18:9-14; Actos 2:38; 3:19; 5:31; 17:30-31; 26:16-18; Romanos 2:4; 2 Coríntios 7:8-11; 1 Tessalonicenses 1:9; 2 Pedro 3:9

Artigo 9: Salvação

Justificação: Cremos que todos os que crêem em Jesus Cristo e O aceitam como Senhor e Salvador, são justificados. Isto significa que Deus perdoa completa e livremente a culpa deles e os liberta da penalização dos seus pecados. Ele aceita-os como justos.

Regeneração. Cremos que Deus regenera livremente todos aqueles que se arrependem e crêem em Jesus Cristo como Senhor e Salvador. Ele proporciona-lhes uma nova vida espiritual e uma nova natureza moral, capaz de fé, amor e obediência a Deus. Isto é chamado de novo nascimento.

Adopção. Cremos que Deus, que livremente justifica e regenera os novos crentes, os adopta como filhos na família de Deus.

Justificação, regeneração, e adopção acontecem todas na mesma altura após o arrependimento e fé em Cristo de uma pessoa. O Espírito Santo dá-nos o testemunho de que Deus realizou estes actos da graça. [¶9]

Lucas 18:14; João 1:12-13; 3:3-8; 5:24; Actos 13:39; Romanos 1:17; 3:21-26, 28; 4:5-9, 17-25; 5:1, 16-19; 6:4; 7:6; 8:1, 15-17; 1 Coríntios 1:30; 6:11; 2 Coríntios 5:17-21; Gálatas 2:16-21; 3:1-14, 26; 4:4-7; Efésios 1:6-7; 2: 1, 4-5; Filipenses 3:3-9; Colossenses 2:13; Tito 3:4-7; 1 Pedro 1:23; 1 João 1:9; 3:1-2, 9; 4:7; 5:1, 9-13, 18

Artigo 10: Santidade Cristã e Inteira Santificação

Santificação. Cremos que a santificação é a obra de Deus que transforma os crentes à semelhança de Jesus Cristo. Esta obra é realizada pela graça de Deus através do Espírito Santo. A santificação começa com a regeneração, que acontece ao mesmo tempo que a justificação. Também é chamada de santificação inicial. Continua ao longo da inteira santificação e na obra contínua do Espírito Santo à medida que aperfeiçoa os crentes, transformando-os à semelhança de Cristo. Resulta na glorificação, altura em que são completamente conformados à imagem do Filho.

Inteira Santificação. Cremos que após a regeneração, há uma obra adicional de Deus pela qual os crentes são libertados do pecado original, que também é chamado de depravação. Os crentes entram num estado de devoção completa a Deus e santa obediência que é amor aperfeiçoado.

A inteira santificação é o resultado do baptismo com o Espírito Santo, que também é chamado de o enchimento do Espírito Santo. Inclui a purificação do coração do pecado e a presença permanente do Espírito Santo. Ele capacita o crente a viver e a servir como Jesus Cristo.

A inteira santificação é possível por causa do sacrifício de Jesus. Acontece instantaneamente pela graça através da fé. É precedida pelo compromisso total do crente com Deus, que é chamada inteira consagração. O Espírito Santo dá-nos o testemunho que Ele realizou isso.

Esta experiência é conhecida por vários termos que representam as suas diferentes fases: "perfeição cristã", "amor perfeito", "união do coração", "o baptismo com o Espírito Santo", "a plenitude da bênção" e "santidade cristã".

Cremos que há uma clara distinção entre um coração puro e um carácter maduro. Um coração puro acontece num instante como resultado da inteira santificação. Um carácter maduro acontece através do processo de crescer na graça ao longo do tempo.

Cremos que a pessoa que é inteiramente santificada tem um desejo piedoso de crescer na graça como um discípulo semelhante a Cristo. Este crescimento não é automático. Ele deve ser conscientemente nutrido através do desenvolvimento e aperfeiçoamento espirituais, a fim de desenvolver um carácter e personalidade semelhantes a Cristo. Aqueles que não trabalham intencionalmente para o crescimento espiritual prejudicarão o seu testemunho, e podem frustrar a graça de Deus e, eventualmente, perdê-la.

Ao participar dos meios da graça, os crentes crescem na graça e no amor sincero a Deus e ao próximo. Estes meios de graça incluem especialmente a comunhão, as disciplinas espirituais e os sacramentos da Igreja. [¶10]

Jeremias 31:31-34; Ezequiel 36:25-27; Malaquias 3:2-3; Mateus 3:11-12; Lucas 3:16-17; João 7:37-39; 14:15-23; 17:6-20; Actos 1:5; 2:1-4; 15:8-9; Romanos 6:11-13, 19; 8:1-4, 8-14; 12:1-2; 2 Coríntios 6:14-7:1; Gálatas 2:20; 5:16-25; Efésios 3:14-21; 5:17-18, 25-27; Filipenses 3:10-15; Colossenses 3:1-17; 1 Tessalonicenses 5:23-24; Hebreus 4:9-11; 10:10-17; 12:1-2; 13:12; 1 João 1:7, 9

"Perfeição cristã", "amor perfeito": Deuteronómio 30:6; Mateus 5:43-48; 22:37-40; Romanos 12:9-21; 13:8-10; 1 Coríntios 13; Filipenses 3:10-15; Hebreus 6:1; 1 João 4:17-18

"Pureza do coração": Mateus 5:8; Actos 15:8-9; 1 Pedro 1:22; 1 João 3:3

"Baptismo com o Espírito Santo": Jeremias 31:31-34; Ezequiel 36:25-27; Malaquias 3:2-3; Mateus 3:11-12; Lucas 3:16-17; Actos 1:5; 2:1-4; 15:8-9

"Plenitude da bênção": Romanos 15:29

"Santidade cristã»: Mateus 5:1-7:29; João 15:1-11; Romanos 12:1-15: 3; 2 Coríntios 7:1; Efésios 4:17-5:20; Filipenses 1:9-11; 3:12-15; Colossenses 2:20-3:17; 1 Tessalonicenses 3:13; 4:7-8; 5:23;

2 Timóteo 2:19-22; Hebreus 10:19-25; 12:14; 13:20-21; 1 Pedro 1:15-16; 2 Pedro 1:1-11; 3:18; Judas 20-21

Artigo 11: A Igreja

Cremos na Igreja, que é a comunidade que confessa Jesus Cristo como Senhor. É o povo da aliança de Deus que é feito novo em Cristo. A Igreja é o Corpo de Cristo chamado juntamente pelo Espírito Santo através da Palavra.

Deus chama a Igreja para ser uma expressão visível da unidade e da comunhão do Espírito. A

Igreja demonstra essa unidade ao obedecer a Cristo e ao viver uma vida santa. Os crentes são mutuamente responsáveis entre si. Essa unidade é visível na adoração através da pregação da Palavra, da participação nos sacramentos e pelo ministério em nome de Jesus Cristo.

A missão da Igreja é compartilhar a obra de Cristo à medida que Ele redime e reconcilia o mundo no poder do Espírito. A Igreja cumpre a sua missão ao fazer discípulos. Fazemo-lo através do evangelismo, educação, mostrando compaixão, trabalhando pela justiça e proclamando o reino de Deus. [¶11]

Êxodo 19:3; Jeremias 31:33; Mateus 8:11; 10:7; 16:13-19, 24; 18:15-20; 28:19-20; João 17:14-26; 20:21-23; Actos 1:7-8; 2:32-47; 6:1-2; 13:1; 14:23; Romanos 2:28-29; 4:16; 10:9-15; 11:13-32; 12:1-8; 15:1-3; 1 Coríntios 3:5-9; 7:17; 11:1, 17-33; 12:3, 12-31; 14:26-40; 2 Coríntios 5:11-6: 1; Gálatas 5:6, 13-14; 6:1-5, 15; Efésios 4:1-17; 5:25-27; Filipenses 2:1-16; 1 Tessalonicenses 4:1-12; 1 Timóteo 4:13; Hebreus 10:19-25; 1 Pedro 1:1-2, 13; 2:4-12, 21; 4:1-2, 10-11; 1 João 4:17; Judas 24; Apocalipse 5:9-10

Artigo 12: Baptismo

Cremos que o baptismo cristão é um sacramento mandado pelo nosso Senhor. Significa que uma pessoa aceitou os benefícios da expiação e tornou-se parte do Corpo de Cristo. É um meio da graça que proclama a fé do crente em Jesus Cristo como Salvador. O baptismo demonstra o desejo do crente em seguir Jesus Cristo em obediência, santidade e rectidão.

As crianças pequenas e os moralmente inocentes são participantes da nova aliança. Portanto, eles podem ser baptizados a pedido dos seus pais ou tutores. A igreja compromete-se a fornecer treinamento cristão. Uma pessoa pode ser baptizada por aspersão, afusão ou imersão. [¶12]

Mateus 3:1-7; 28:16-20; Actos 2:37-41; 8:35-39; 10:44-48; 16:29-34; 19:1-6; Romanos 6:3-4; Gálatas 3:26-28; Colossenses 2:12; 1 Pedro 3:18-22

Artigo 13: A Ceia do Senhor

Cremos que a Ceia da Comunhão é um sacramento que Jesus Cristo estabeleceu. Ela proclama a Sua vida, sofrimento, morte sacrifical, ressurreição e a esperança da Sua segunda vinda. É um meio da graça em que Cristo está presente pelo Espírito. Todos são convidados a participar pela fé em Cristo e a serem renovados na vida, na salvação e na unidade como Igreja. Todos devem participar respeitosamente apreciando o seu significado. Ao participar neste sacramento, testificamos da morte do Senhor até que volte. Aqueles que têm fé em Cristo e que amam o povo de Deus são convidados a participar o mais frequentemente possível. [¶13]

Êxodo 12:1-14; Mateus 26:26-29; Marcos 14:22-25; Lucas 22:17-20; João 6:28-58; 1 Coríntios 10:14-21; 11:23-32

Artigo 14: Cura Divina

Cremos na doutrina bíblica da cura divina. Encorajamos o nosso povo a orar com fé pela cura dos enfermos. Também cremos que Deus cura através dos meios da ciência médica. [¶14]

2 Reis 5:1-19; Salmo 103:1-5; Mateus 4:23-24; 9:18-35; João 4:46-54; Actos 5:12-16; 9:32-42; 14:8-15; 1 Coríntios 12:4-11; 2 Coríntios 12:7-10; Tiago 5:13-16

Artigo 15: Segunda Vinda de Cristo

Cremos que o Senhor Jesus Cristo voltará novamente à terra. Os crentes que morreram serão ressuscitados e elevados para estar com Ele. Nós, que estamos vivos e permanecemos em Jesus Cristo, seremos levados com os ressuscitados para encontrar o Senhor nos ares. A partir de então, estaremos sempre com o Senhor. [¶15]

Mateus 25:31-46; João 14:1-3; Actos 1:9-11; Filipenses 3:20-21; 1 Tessalonicenses 4:13-18; Tito 2:11-14; Hebreus 9:26-28; 2 Pedro 3:3-15; Apocalipse 1:7-8; 22:7-20

Artigo 16: Ressurreição, Juízo e Destino

Cremos na ressurreição dos mortos. Ou seja, os corpos dos justos e dos injustos serão ressuscitados e unidos com os seus espíritos. "Os que tiverem feito o bem vão ressuscitar para a vida, e aqueles que tiverem feito o mal ressuscitarão para a condenação."

Cremos num juízo futuro em que todas as pessoas comparecerão diante de Deus para serem julgadas de acordo com seus actos nesta vida.

Quem se recusar a arrepender-se sofrerá eternamente no inferno. Cremos que aqueles que são salvos pela fé em Jesus Cristo e que O seguem obedientemente serão assegurados de uma vida gloriosa e eterna. [¶16]

> Génesis 18:25; 1 Samuel 2:10; Salmos 50:6; Isaías 26:19; Daniel 12:2-3; Mateus 25:31-46; Marcos 9:43-48; Lucas 16:19-31; 20:27-38; João 3:16-18; 5:25-29; 11:21-27; Actos 17:30-31; Romanos 2:1-16; 14:7-12; 1 Coríntios 15:12-58; 2 Coríntios 5:10; 2 Tessalonicenses 1:5-10; Apocalipse 20:11-15; 22:1-15

CONHECE TODOS OS ARTIGOS DE FÉ?

Memorizar os Artigos de Fé vai ajudá-lo a responder à pergunta "O que é que os nazarenos crêem?" Para ajudá-lo a memorizá-los, visite *www.studymaps.org* para aceder a um guia visual.

CAPÍTULO TRÊS

SER MEMBRO NA IGREJA DO NAZARENO

O que significa a palavra "igreja"?

A Bíblia diz que há um Livro da Vida onde os nomes de todos os crentes estão escritos (Apocalipse 20:12). Os nazarenos não crêem que somos os únicos cujos nomes estão escritos nesse livro. Em vez disso, cremos que todos os crentes, inclusive aqueles que já morreram, são parte do Corpo de Cristo, que é a Igreja. Afirmamos isto claramente no nosso décimo primeiro artigo de fé [¶11].

No entanto, muitas vezes uma palavra tem mais do que um significado, e isto é verdade acerca da palavra "igreja". Os crentes reúnem-se em lugares diferentes em todo o mundo para adorar, ter comunhão e ministrar às pessoas da sua comunidade. Às vezes, estas são chamadas congregações ou assembleias, mas normalmente chamamo-las de "igrejas locais". Às vezes, eles reúnem-se num prédio elegante que também é chamado de "igreja". Outras igrejas podem encontrar-se à sombra de uma árvore ou num espaço alugado. Não importa onde a igreja local se reúna, Deus está lá, presente e activo [¶18].

Ainda outro uso da palavra "igreja" é quando falamos sobre uma denominação. Então, apesar de existirem igrejas individuais da Igreja do Nazareno em todo o mundo, há também uma organização global chamada Igreja do Nazareno. É a junção de todas aquelas pessoas que voluntariamente se associam a ela e se chamam nazarenas.

Esta organização global, às vezes chamada de Igreja do Nazareno Internacional, tem um conjunto de valores e prioridades essenciais, que tratámos no capítulo um [¶19].

A Declaração de Fé

Embora os artigos de fé da Igreja do Nazareno dêem detalhes específicos acerca de todas as nossas doutrinas importantes, percebemos que nem todas as pessoas entenderão essas declarações. Portanto, o Manual contém uma declaração mais curta chamada "declaração de fé" [¶20]. O pastor pedirá a cada pessoa que deseja tornar-se membro para afirmar esta declaração antes de se juntar à Igreja do Nazareno. Diz assim:

Cremos...

... num só Deus - o Pai, Filho e Espírito Santo.

... que as Escrituras do Antigo e do Novo Testamento, dadas por inspiração plena,[1] contêm toda a verdade necessária à fé e à vida cristã.

... que os seres humanos nascem com uma natureza decaída e, portanto, inclinados para o mal, e isso continuamente.

---

[1] "Inspiração plena" significa que Deus esteve envolvido em todo o processo de criação da Bíblia.

> ## TEM DIFICULDADES COM A DECLARAÇÃO DE FÉ?
>
>
>
> Se não entender alguma parte da declaração de fé ou se não concordar com algumas partes, converse com o pastor. Não há pressa para se tornar membro, e não queremos que ninguém se sinta forçado a fazê-lo. No entanto, encorajamos as pessoas a continuarem a adorar e a servir numa igreja nazarena, se estiverem a frequentá-la regularmente, mesmo que não se tornem membros.

... e que os que são impenitentes até ao fim estão irremediável e eternamente perdidos.

... que a expiação mediante Jesus Cristo é para toda a raça humana; e que quem se arrepender e crer em Jesus Cristo é justificado, regenerado e salvo do domínio do pecado.

... que os crentes devem ser inteiramente santificados, subsequente à regeneração, através da fé no Senhor Jesus Cristo.

... que o Espírito Santo testifica do novo nascimento e também da inteira santificação dos crentes.

... que o nosso Senhor voltará, os mortos serão ressuscitados, e o juízo final ocorrerá.

O Pacto do Carácter Cristão

A maioria das organizações possui regras que os seus membros seguem. Isto também se aplica à Igreja do Nazareno. Temos dois pactos, que são promessas escritas que indicam como esperamos que os nossos membros vivam.

As pessoas que aceitaram Jesus como seu Salvador e que desejam participar da comunhão da Igreja do Nazareno devem viver uma vida piedosa. Temos o privilégio e o dever de procurar ser como Cristo. A palavra de Deus instruí-nos sobre como devemos viver, e o Pacto do Carácter Cristão resume estas instruções [¶21].

Os membros da igreja devem...

- *... amar a Deus de todo o coração, mente, alma e força, e ao próximo como a si mesmos. (Êxodo 20:3-6; Levítico 19:17-18; Deuteronómio 5:7-10; 6:4-5; Marcos 12:28-31; Romanos 13:8-10)*

- *... compartilhar o Evangelho com aqueles que não são salvos, convidá-los para a igreja e procurar levá-los a Cristo. (Mateus 28:19-20; Actos 1:8; Romanos 1:14-16; 2 Coríntios 5:18-20)*

- *... ser cortês com todas as pessoas. (Efésios 4:32; Tito 3:2; 1 Pedro 2:17; 1 João 3:18)*

- *... ser prestativo, gentil, paciente e perdoador dos irmãos. (Romanos 12:13; Gálatas 6:2, 10; Colossenses 3:12-14)*

- *... procurar fazer o bem a todos os famintos, doentes, presos e necessitados. (Mateus 25:35-36; 2 Coríntios 9:8-10; Gálatas 2:10; Tiago 2:15-16; 1 João 3:17-18)*

... dar dízimos e ofertas para apoiar o trabalho da igreja. *(Malaquias 3:10; Lucas 6:38; 1 Coríntios 9:14; 16:2; 2 Coríntios 9:6-10; Filipenses 4:15-19)*

... assistir fielmente aos cultos de adoração regulares da igreja, ter comunhão e ter devoções particulares e familiares. *(Hebreus 10:25, Actos 2:42; 1 Coríntios 11:23-30; Actos 17:11; 2 Timóteo 2:15; 3:14-16; Deuteronómio 6:6-7; Mateus 6:6)*

Os membros da igreja devem evitar...

... tomar o nome de Deus em vão. *(Êxodo 20:7; Levítico 19:12; Tiago 5:12)*

... fazer actividades seculares desnecessárias no Dia do Senhor, para que perca a sua sacralidade. *(Êxodo 20:8-11; Isaías 58:13-14; Marcos 2:27-28; Actos 20:7; Apocalipse 1:10)*

... todas as formas de imoralidade sexual. *(Êxodo 20:14; Mateus 5:27-32; 1 Coríntios 6:9-11; Gálatas 5:19; 1 Tessalonicenses 4:3-7)*

... hábitos ou práticas que nos são destrutivos, física ou mentalmente. Devemos lembrar que somos templos do Espírito Santo. *(Provérbios 20:1; 23:1-3; 1 Coríntios 6:17-20; 2 Coríntios 7:1; Efésios 5:18).*

... disputar, mexericar e espalhar histórias que prejudicam o bom nome de outras pessoas. *(2 Coríntios 12:20; Gálatas 5:15; Efésios 4:30-32; Tiago 3:5-18; 1 Pedro 3:9-10)*

... desonestidade, fraude nos negócios e mentira. *(Levítico 19:10-11; Romanos 12:17; 1 Coríntios 6:7-10).*

... ter orgulho no vestuário e no comportamento. As pessoas devem vestir-se com simplicidade e modéstia, a fim de reflectirem uma vida santa. (Provérbios 29:23, 1 Timóteo 2:8-10; Tiago 4:6; 1 Pedro 3:3-4; 1 João 2:15-17).

... música, literatura e entretenimento que desonrem Deus. (1 Coríntios 10:31; 2 Coríntios 6:14-17; Tiago 4:4).

Devemos sempre ...

... estar em comunhão sincera com a igreja.

... respeitar a liderança da igreja.

... permanecer comprometidos com as doutrinas e as regras da Igreja.

... envolver-se activamente no alcance de outros e no ministério. (Efésios 2:18-22; 4:1-3, 11-16; Filipenses 2:1-8; 1 Pedro 2:9-10)

O Pacto da Conduta Cristã

O nosso primeiro pacto deu uma descrição geral de um crente que está empenhado em ser um cristão semelhante a Cristo. O segundo pacto fala mais directamente sobre certas actividades e assuntos que influenciam a caminhada com Deus. Abaixo está uma versão abreviada do Pacto da Conduta Cristã que se encontra no Manual [¶28-35].

A Vida Cristã

A igreja proclama com alegria as boas novas de que podemos ser libertos de todo o pecado para uma nova vida em Cristo. Pela graça de Deus, nós cristãos não devemos mais seguir a natureza pecaminosa e os velhos padrões de conduta. Em vez disso, devemos "revestir-nos do novo eu" - um modo de vida e de pensar novo e santo (Efésios 4:17-24).

A Igreja do Nazareno procura relacionar os princípios intemporais da Bíblia à nossa sociedade de tal maneira que as doutrinas e regras da igreja sejam conhecidas e compreendidas numa variedade de culturas. Cremos que os Dez Mandamentos fornecem a nossa ética cristã básica e devem ser obedecidos.

A Igreja do Nazareno Internacional quer ajudar todos os seus membros a desenvolver um modo de vida santo. O Espírito Santo irá ajudar-nos a fazê-lo. Os membros devem seguir cuidadosamente o Pacto da Conduta Cristã como um guia para a vida santa. As pessoas que não sigam estas directrizes prejudicam o testemunho da igreja e enfraquecem as suas próprias vidas espirituais.

A educação é muito importante para o bem-estar social e espiritual da sociedade. As escolas públicas geralmente fornecem apenas uma educação secular. Portanto, é importante que a igreja ensine princípios bíblicos e padrões éticos elevados. Fazemos isso através da Escola Dominical, escolas diurnas, escolas primárias e secundárias, universidades e seminários. Devemos ensinar santidade nos nossos lares. Os cristãos devem ser encorajados a trabalhar em escolas públicas e a providenciar um testemunho cristão e influência lá.

Os líderes da igreja devem ensinar verdades bíblicas que ajudarão as pessoas a diferenciar o bem do mal. É impossível, e não ajuda, listar todos os pecados conhecidos no mundo. Portanto, é importante que todos os membros da igreja busquem a ajuda do Espírito Santo para distinguir o certo do errado. "Examinai tudo. Retende o bem. Abstende-vos de toda a aparência do mal" (1 Tessalonicenses 5:21-22). No entanto, descobrimos que existem muitas actividades e práticas que são prejudiciais ao nosso testemunho cristão e que nos enfraquecem espiritualmente.

Portanto, os nazarenos devem evitar o seguinte.

Diversões que destroem os valores cristãos. Os cristãos devem seguir três princípios importantes ao decidir o que fazer como divertimento. [¶29.1]

1. A mordomia cristã aplica-se tanto ao descanso como ao trabalho.
2. Os cristãos são chamados a viver vidas santas. Existem também muitos livros, programas de rádio e televisão bem como imagens e vídeos da internet que chegam às nossas casas. Devemos evitar qualquer um deles que nos afaste de Deus e da vida santa. Devemos apoiar e incentivar os programas, livros e sites que são bons e úteis.

3. Como cristãos, devemos falar contra entretenimentos que ignoram Deus ou promovem o mal, a violência e a imoralidade. Devemos evitar todos os entretenimentos que fazem o pecado parecer atraente e empolgante, ou que minam o padrão de santidade de coração e vida de Deus.

Ensinamos o nosso povo a usar o discernimento em oração e a fazer escolhas sábias que levam à vida santa. Deveríamos atentar para o conselho que a mãe de João Wesley lhe deu: "O que quer que enfraqueça a tua razão, prejudique a sensibilidade da tua consciência, entorpeça o teu sentido de Deus, ou diminua o teu desejo por coisas espirituais, o que quer que aumente a autoridade do teu corpo sobre a mente, isso para ti é pecado."

(Romanos 14:7-13; 1 Coríntios 10:31-33; Efésios 5:1-18; Filipenses 4:8-9; 1 Pedro 1:13-17; 2 Pedro 1:3-11)

Jogos de Azar. Devemos evitar lotarias e outras formas de jogo, pois elas destroem os indivíduos e a sociedade. [¶29.2]

(Mateus 6:24-34; 2 Tessalonicenses 3:6-13; 1 Timóteo 6:6-11; Hebreus 13:5-6; 1 João 2:15-17)

Organizações secretas. Não nos devemos tornar membros de organizações que exigem que as pessoas prestem juramento de sigilo. [¶29.3]

(1 Coríntios 1:26-31; 2 Coríntios 6:14-7: 1; Efésios 5:11-16; Tiago 4:4; 1 João 2:15-17)

Dança. Evitamos todas as formas de dança que impedem o nosso crescimento espiritual ou quebram o nosso autocontrole. [¶29.4]

(Mateus 22:36-39; Romanos 12:1-2; 1 Coríntios 10:31-33; Filipenses 1:9-11; Colossenses 3:1-17)

Drogas. Evitamos beber bebidas inebriantes, usar tabaco, e usar drogas. Também evitamos vender essas coisas. A Bíblia e a experiência humana mostram que o consumo de álcool, o tabaco e o uso de drogas criam muitos problemas sociais. Como o nosso objectivo é viver uma vida santa, não devemos usar essas coisas. A Bíblia ensina que o nosso corpo é o templo do Espírito Santo. Portanto, chamamos o nosso povo à total abstinência de todos os inebriantes. As nossas vidas devem sempre ser um bom testemunho para os outros. [¶29.5]

(Provérbios 20:1; 23:29-24: 2; Oséias 4:10-11; Habacuque 2:5; Romanos 13:8; 14:15-21; 15:1-2; 1 Coríntios 3:16-17; 6:9-12, 19-20; 10:31-33; Gálatas 5:13-14, 21; Efésios 5:18)

Não devemos usar nenhuma droga, mesmo que legal, que afecte o nosso pensamento ou sentimentos (como alucinogénios, estimulantes e calmantes). Os medicamentos prescritos devem ser usados apenas sob os cuidados de um profissional médico. [¶29.6]

(Mateus 22:37-39; 27:34; Romanos 12:1-2; 1 Coríntios 6:19-20; 9:24-27)

Casamento e Divórcio

Existem muitas forças a trabalhar na sociedade para enfraquecer e destruir o casamento e a família cristã. É importante que os pastores preguem claramente o plano bíblico de que o casamento deve ser permanente. As igrejas precisam desenvolver programas que fortaleçam e ajudem as famílias cristãs.

Deus planeou o casamento, e é a união mútua de um homem e uma mulher para companheirismo, ajuda mútua e criação de filhos. As pessoas não devem casar-se às pressas, mas depois da oração para obter a orientação de Deus. O pacto do casamento é vinculativo enquanto ambos viverem, e romper o casamento é uma violação do plano de Deus para a permanência do casamento.

(Génesis 1:26-28, 31; 2:21-24; Malaquias 2:13-16; Mateus 19:3-9; João 2:1-11; Efésios 5:21-6:4; 1 Tessalonicenses 4:3-8; Hebreus 13:4)

Reconhecemos que algumas pessoas são forçadas a divorciarem-se contra a sua vontade e outras divorciam-se para protecção legal ou física. O divórcio não está para além da graça perdoadora de Deus quando Ele é buscado com arrependimento, fé e humildade.

(Génesis 2:21-24; Marcos 10:2-12; Lucas 7:36-50; 16:18; João 7:53-8:11; 1 Coríntios 6:9-11; 7:10-16; Efésios 5:25-33)

Os ministros da Igreja do Nazareno devem ensinar as suas congregações sobre a sacralidade do casamento. Eles devem sempre aconselhar um casal antes de realizar qualquer matrimónio. Isto também se aplica àqueles que se divorciaram e desejamcasar-se novamente. Os ministros só devem realizar matrimónios para aqueles que têm uma base bíblica para o casamento.

Os membros que estão em casamentos infelizes devem tentar encontrar formas de corrigir os problemas. Eles devem fazer isto em harmonia com os seus votos e os ensinos claros da Escritura. Eles devem procurar proteger a família e não envergonhar Cristo ou a Sua igreja. Casais com sérios problemas de casamento devem procurar aconselhamento e conselhos do seu pastor e de outros líderes espirituais.

Por causa da ignorância, pecado e fraqueza humana, muitas pessoas não seguem o plano de Deus. Cremos que Deus pode ajudar estas pessoas, assim como Jesus ajudou a mulher de Samaria. Quando as pessoas se divorciaram e se casaram novamente, devem buscar a graça de Deus e a Sua ajuda no relacionamento matrimonial. Estas pessoas podem ser aceites como membros da Igreja, desde que demonstrem que se arrependeram e estão cientes da santidade do casamento. [¶31]

Sexualidade

A sexualidade humana é uma expressão da santidade e beleza que Deus pretendia para a Sua criação. É uma das maneiras pelas quais o pacto entre marido e mulher é selado e expresso. A sexualidade humana é santificada por Deus apenas quando ocorre dentro do casamento e expressa amor e lealdade.

Devemos ensinar os nossos filhos o carácter sagrado da sexualidade humana dentro do contexto do amor, paciência e confiança no lar cristão. Os ministros e professores na igreja devem declarar claramente o entendimento cristão sobre a sexualidade humana. Eles devem instar os cristãos a vê-lo como bom e santo, e a proteger-se contra as coisas que o possam enfraquecer e distorcer.

Todas as formas de intimidade sexual que ocorrem fora do casamento entre um homem e uma mulher são contrárias às leis de Deus.

A homossexualidade é uma forma pela qual a sexualidade humana é usada incorrectamente. A Igreja do Nazareno afirma a posição bíblica de que tais actos são pecaminosos. Cremos que a graça de Deus é suficiente para superar a prática da homossexualidade e que a Igreja deve ser uma comunidade acolhedora, perdoadora e amorosa, onde a hospitalidade, o encorajamento, a transformação e a prestação de contas estejam disponíveis para todos.

(1 Coríntios 6: 9-11; Génesis 1:27; 19:1-25; Levítico 20:13; Romanos 1:26-27; 1 Coríntios 6:9-11; 1 Timóteo 1:8-10)

[¶31]

A Sacralidade da Vida Humana

A Igreja do Nazareno acredita que a vida, mesmo a de um feto, é sagrada e é-nos dada por Deus. Somos contra o aborto. Reconhecemos que existem casos raros em que a vida da mãe, do nascituro, ou de ambos está em perigo. Em tais situações, a interrupção da gravidez só deve ser feita após conselhos médicos sólidos e aconselhamento cristão.

Como somos contra o aborto, também nos devemos comprometer com programas que ajudam mães e crianças. Onde houver uma gravidez indesejada, a igreja deve providenciar apoio amoroso, oração e aconselhamento. Isto pode incluir lares para gestantes ou a criação de serviços de adopção cristã.

Muitas vezes, as pessoas procuram o aborto porque não seguem os padrões cristãos de responsabilidade sexual. A igreja precisa providenciar ensino claro sobre a sexualidade humana a partir de uma perspectiva cristã. 30

(Êxodo 20:13; 21:12-16; Jó 31:15; Salmos 22:9; 139:3-16; Isaías 44:2, 24; 49:5; Lucas 1:23-25, 36-45; Romanos 12:1-2; 1 Coríntios 6:16; 7:1; 1 Tessalonicenses 4:3-6)

Mordomia Cristã

As Escrituras ensinam que Deus é dono de todas as pessoas e de todas as coisas. Somos mordomos ou cuidadores da criação de Deus. Devemos cuidar e usar sabiamente os recursos que temos. Isto inclui as nossas vidas e as coisas que possuímos. Um dia, devemos prestar contas da nossa mordomia a Deus. 32

Dízimo. Deus estabeleceu um sistema de doação chamado "dízimo", que significa devolver-Lhe um décimo do nosso rendimento. Isto demonstra a posse de Deus e a nossa mordomia. Às vezes chamamo-lo de "dízimo do celeiro". Esta frase é de Malaquias 3:10. Isto significa que os membros da igreja devem dar o dízimo para o único lugar, a igreja local. Também oferecemos outras ofertas, além do dízimo, para apoiar toda a igreja nos níveis local, distrital, regional e geral. [¶32.1]

Obrigações da igreja local. Assim como os membros da igreja dão dinheiro à igreja local, a igreja local também apoia outros ministérios. Instamos as nossas igrejas locais a pagarem mensalmente as suas obrigações distritais, regionais e gerais. [¶32.2]

Apoio dos ministros. "O Senhor ordenou que aqueles que pregam o Evangelho recebam a vida do Evangelho" (1 Coríntios 9:14). Os membros da igreja dão o seu dízimo regularmente. Com esses fundos, a igreja deve apoiar os seus ministros - aqueles a quem Deus chamou e que se entregam totalmente à obra do ministério. As juntas da igreja devem pagar ao seu pastor todas as semanas. [¶32.3]

Doações em vida e depois da morte. Os cristãos devem ser fiéis ao entregar os seus dízimos e em dar ofertas enquanto estiverem vivos. Eles também devem pensar no que farão com o dinheiro e os bens que permanecerem quando morrerem. Os cristãos devem, em espírito de oração, fazer um testamento e considerar doar para a obra contínua da igreja. [¶32.4]

(Malaquias 3:8-10; Mateus 6:24-34; 25:31-46; Marcos 10:17-31; Lucas 12:13-24; 19:11-27; João 15:1-17; Romanos 12:1-13; 1 Coríntios

9:7-14; 2 Coríntios 8:1-15; 9:6-15; 1 Timóteo 6:6-19; Hebreus 7:8; Tiago 1:27; 1 João 3:16-18)

Líderes da Igreja

Na Igreja do Nazareno, o pastor e os líderes locais compartilham o fardo do ministério. Estes líderes são eleitos para vários cargos na igreja. Geralmente, os membros da igreja elegem-nos. Instamos o nosso povo a eleger apenas os membros que professam a experiência da inteira santificação e que demonstram uma vida santa através da graça de Deus. Eles devem estar em harmonia com as doutrinas, políticas e práticas da Igreja do Nazareno. Devem ser activos na igreja. Isto inclui apoiar a igreja fielmente na frequência e com dízimos e ofertas.

Tornar-se Membro da Igreja do Nazareno

Nem todas as pessoas que frequentam os nossos cultos de adoração ou apoiam os nossos ministérios são membros da Igreja do Nazareno. Isso não é um problema, já que juntar-se à igreja é voluntário. Um membro da igreja é uma pessoa que fez um compromisso público de se envolver activamente e apoiar a igreja local [¶107–109.5].

Geralmente, alguém que deseja tornar-se membro deve assistir às aulas para aprender sobre a Igreja do Nazareno: as suas doutrinas, história, regras, governo, políticas, missão, valores essenciais e prioridades. Antes de um pastor aceitar novos membros na igreja, ele ou ela explicará os Artigos de Fé, os requisitos do Pacto de Carácter

Cristão e o Pacto da Conduta Cristã, e o propósito e missão da Igreja do Nazareno.

Para aqueles que querem juntar-se à igreja, existem quatro requisitos.

Um membro da igreja deve...

... ser cristão. As pessoas que desejam tornar-se membros devem ser salvas. Quando se juntam à igreja, o pastor deve pedir-lhe para afirmarem terem aceitado Jesus Cristo como seu Salvador.

... concordar com as doutrinas da igreja. Em frente à congregação, o pastor perguntará àqueles que querem juntar-se à Igreja para afirmarem a declaração de fé da Igreja do Nazareno.

... aceitar o governo da igreja. Os requisitos são encontrados nas secções governamentais do Manual, no Pacto de Carácter Cristão e no Pacto da Conduta Cristã.

... apoiar a igreja. Os membros concordam em doar o seu tempo, talentos e tesouro à Igreja. Concordam em assistir fielmente aos cultos, participar dos seus programas e apoiá-la financeiramente.Está pronto para se tornar um membro da igreja?

Se cumprir os quatro requisitos para se tornar membro, deve conversar com o pastor sobre torna-se membro. O pastor vai entrevistá-lo e fazer uma recomendação a uma junta especial da igreja. Se a junta aprovar, o pastor vai recebê-lo como novo membro numa cerimónia pública durante um culto na igreja.

CAPÍTULO QUATRO

ORGANIZAÇÃO DA IGREJA

Existem muitas igrejas e denominações diferentes no mundo. No entanto, quase todos são organizadas de acordo com uma de três maneiras:

1. Algumas igrejas dão aos seus ministros a maior parte da autoridade.
2. Algumas igrejas dão à congregação a maior parte da autoridade.
3. Algumas igrejas compartilham a autoridade entre os ministros e a congregação.

Phineas Bresee era um ministro da Igreja Metodista que vivia na parte ocidental dos Estados Unidos. Os metodistas tinham líderes chamados de bispos. Os bispos tinham muita autoridade sobre os pastores e as igrejas. Mais tarde na sua vida, Bresee deixou os metodistas e iniciou muitas igrejas novas. Ele achava que elas precisavam de líderes fortes que pudessem incentivar e supervisionar pastores, como bispos. Ele escolheu chamá-los de superintendentes.

No lado oriental dos Estados Unidos, havia algumas igrejas que, como Bresee, acreditavam que a vida santa era uma verdade bíblica que a igreja deveria pregar. No entanto, este grupo considerou que os bispos às vezes interferiam demais nos assuntos da igreja local. Então, eles deram a cada congregação muita autoridade.

Quando esses dois grupos decidiram unir-se para formar a Igreja do Nazareno, eles tiveram de trabalhar arduamente para encontrar uma forma de combinar estas ideias diferentes sobre a liderança na igreja. Eles concordaram que precisavam de superintendentes para aconselhar e ajudar a guiar as igrejas. Eles também concordaram que as igrejas locais deveriam ter autoridade para escolher o seu próprio pastor e cuidar dos seus próprios assuntos.

A Igreja do Nazareno escolheu uma forma representativa de governo. Isto significa que os líderes de todos os níveis do governo da igreja são eleitos. O pastor e a junta da igreja compartilham a responsabilidade de liderar e gerir a obra da igreja. No entanto, cremos que as igrejas não devem ser independentes umas das outras. Elas devem trabalhar juntas. Portanto, a Igreja do Nazareno tem líderes, ainda chamados de superintendentes, que assistem as igrejas locais no cumprimento da sua missão e objectivos. Um superintendente é como um líder de equipa ou treinador que encoraja e apoia todos os pastores na sua área de responsabilidade, chamada de distrito.

Porém, a autoridade dos superintendentes é limitada e eles não devem interferir com a acção independente de uma igreja organizada. Cada igreja deve ter o direito de escolher o seu próprio pastor, gerir as suas próprias finanças e gerir todos os outros assuntos relacionados à sua vida e obra local [¶22-22.3].

Existem três níveis de governo na Igreja do Nazareno.

1. A Igreja Local
2. A Assembleia Distrital
3. A Assembleia Geral

Em cada nível, vemos essa colaboração entre líderes individuais e juntas. Na igreja local, o pastor e a junta da igreja trabalham juntos. As igrejas locais são agrupadas em distritos, liderados por um superintendente distrital que trabalha com uma junta consultiva. Juntos, eles ajudam a guiar as igrejas do distrito. Os distritos são liderados por seis superintendentes gerais que trabalham com a Junta Geral para liderar e direccionar a igreja global.

Para ajudar nas tarefas administrativas, a Junta Geral divide o mundo em seis regiões. Cada região tem um director regional (não superintendente) que ajuda os superintendentes gerais a fazer o seu trabalho.

CAPÍTULO CINCO

A IGREJA LOCAL

A organização mais importante na Igreja do Nazareno é a igreja local.

É fácil de identificar uma igreja local dinâmica. A comunidade conhece-a como um lugar onde ...

... as pessoas se reúnem para adorar, aprender com a palavra de Deus e ouvir boa pregação.

... as pessoas se tornam cristãs e crescem espiritualmente.

... as pessoas se tornam membros activos da igreja e participam do ministério da igreja para outras pessoas.

Uma igreja local não é um edifício. Em vez disso, é um grupo de cristãos que se tornaram membros e concordam em apoiar o ministério da igreja na sua comunidade. Faz parte de uma denominação global chamada Igreja do Nazareno.

No capítulo quatro, abordámos como uma pessoa se junta à Igreja do Nazareno como membro. Ser membro tem muitos privilégios, incluindo a importante responsabilidade de participar nas reuniões oficiais da igreja.

A reunião anual da igreja

Uma reunião da igreja é um ajuntamento em que os membros se reúnem para debater questões e tomar decisões relativas à vida, crescimento e organização da igreja local. As igrejas têm uma reunião oficial uma vez por ano, mas ocasionalmente, mas podem convocar reuniões especiais se surgir uma questão importante [¶113-113.15]. Aqui estão alguns detalhes importantes sobre a reunião.

- A reunião anual da igreja tem duas funções principais: ouvir relatórios e fazer eleições.
- O pastor é o presidente da reunião.
- O secretário da junta da igreja é o secretário da reunião da igreja.
- A reunião anual da igreja deve ocorrer menos de três meses antes da assembleia distrital (consulte o próximo capítulo para obter mais informações sobre as assembleias distritais).
- Um membro deve ter pelo menos 15 anos para votar nas eleições na reunião.

Os relatórios anuais

Todos os anos, todos ouvem os líderes dos diferentes ministérios da igreja. Isto é importante, para que todos os membros saibam o que está a acontecer na igreja. O pastor ajudará os líderes a prepararem-se. Aqui está uma lista dos relatórios.

- O pastor [¶516.7]
- O secretário da junta da igreja [¶135.2]
- O tesoureiro [¶136.5]

- O superintendente da Escola Dominical [¶146.6]
- O presidente da JNI [¶810.105]
- O presidente da MNI [¶152.2]
- Aqueles com licença de ministro local [¶531.1]
- Os presidentes ou líderes de outros grupos da igreja, como o Ministério das Mulheres e Ministério dos Homens.

Eleições

Anteriormente, abordámos as características e os requisitos de ser um líder na Igreja do Nazareno. Com base nessa descrição, na reunião anual da igreja, os membros da igreja elegem as pessoas para os seguintes cargos de liderança.
- pelo menos três mordomos [¶137]
- pelo menos três diáconos [¶141]
- um superintendente da Escola Dominical [¶146]
- junta da Escola Dominical [¶145]
- Presidentes ou líderes de outros grupos, como a presidente do ministério das mulheres e o presidente do ministério dos homens
- Delegados à assembleia distrital, se a junta da igreja não os eleger [¶22.3; 113,10; 201.1-201.2]

O trabalho do pastor

Um pastor é um ministro que supervisiona uma igreja local [¶514]. Ele ou ela é um presbítero ou um ministro licenciado (alguém que recebeu da assembleia distrital uma licença de ministro) [¶115]. Um pastor sente uma chamada divina para pregar a Palavra de Deus e para cuidar do povo de Deus. Ele ou ela tem muitas responsabilidades e o cargo exige muito trabalho. Aqui está uma lista dos tipos de trabalho, divididos em duas categorias principais [¶514-522].

Os principais deveres do pastor são...

... orar.

... pregar a Palavra de Deus.

... treinar o povo da igreja para o ministério (evangelismo).

... realizar deveres religiosos (baptismo, Santa Ceia, casamentos e funerais).

... cuidar das pessoas da igreja, isso inclui

- *visitá-las;*
- *cuidar dos doentes e pobres;*
- *confortar os que choram;*
- *encorajar as pessoas a tornarem-se discípulos semelhantes a Cristo;*
- *ajudar os pecadores a arrepender-se e a voltarem-se para Deus;*
- *ajudar os cristãos a serem cheios do Espírito Santo e a viverem uma vida santa;*
- *ensinar os crentes e fortalecer a sua fé.*

- ajudar outras pessoas que sentem a chamada de Deus para o ministério.

...continuar a estudar e a aprender.

... manter a sua vida espiritual através de devoções pessoais.

Os deveres administrativos do pastor são

... receber pessoas como membros da igreja

... supervisionar os vários departamentos da igreja (JNI, MNI, MEDDI, ministério de mulheres, ministério de homens, etc.).

... preparar um relatório para a reunião anual da igreja e apresentar um relatório à assembleia distrital.

... garantir que todo o dinheiro recebido é gasto adequadamente.

... assinar documentos oficiais da igreja, por vezes com o secretário da igreja.

A chamada e a tomada de posse do pastor

Quando uma igreja quer convidar alguém para se tornar seu pastor, deve seguir os seguintes passos [¶115-119]. É isto que queremos dizer com a frase "chamar um pastor".

1. **A junta da igreja reúne-se com o superintendente distrital.** O superintendente vai ajudar a junta da igreja a encontrar a pessoa correcta. A junta deve escolher um presbítero ou uma pessoa com licença de ministro

para ser o pastor. Pelo menos dois terços dos membros da junta devem concordar com a pessoa e o superintendente distrital deve aprovar a decisão. A pessoa é então conhecida como candidata.

2. **A junta da igreja apresenta o nome do candidato à congregação.** Os membros da igreja votarão "sim" ou "não" se querem ou não convidar o candidato a tornar-se seu pastor. Pelo menos dois terços dos votos devem ser "sim" para eleger o candidato.
3. **A junta da igreja e o candidato tomam providências.** A junta da igreja e o candidato comunicarão claramente os seus objectivos e expectativas por escrito. Isso inclui o salário que o novo pastor receberá.
4. **O candidato responde.** O candidato deve responder ao convite dentro de 15 dias. Depois de aceitar, ele ou ela torna-se o pastor.
5. **Culto de tomada de posse.** Se possível, o superintendente distrital organizará um culto de tomada de posse onde o novo pastor e a congregação celebrarão a sua união e direcção. Se o superintendente não puder estar presente, a igreja e o pastor podem organizar o culto sozinhos.

Em alguns casos, a junta da igreja não vota num novo pastor. Em vez disso, o superintendente distrital e a junta consultiva nomeiam um pastor. Isto acontece nos seguintes casos.

- A igreja não tem ainda 5 anos.
- A igreja tem menos de 35 membros.
- A igreja recebe assistência financeira regular do distrito.

A renúncia de um pastor

Um pastor pode renunciar a uma igreja escrevendo uma carta para a junta da igreja e enviando uma cópia ao superintendente distrital. Se a junta da igreja aceitar a renúncia e a superintendência distrital a aprovar por escrito, a renúncia será oficial. No entanto, o pastor deve continuar a servir a igreja durante 30 dias após a renúncia ser aceite.

O pastor trabalhará com o secretário da igreja para preparar uma lista correcta de todos os nomes e endereços dos membros da igreja, que é chamada de rol de membros. Esta lista deve ter o mesmo número de nomes registados no jornal mais recente do distrito, com exclusões e adições para o ano actual [¶120-121].

A relação entre o pastor e a igreja

A cada dois anos, o pastor e a junta da igreja têm uma reunião para rever as expectativas, os objectivos e o desempenho da igreja e do pastor. Chamamos o acordo de "Relacionamento Igreja Local/Pastor" [¶122].

O superintendente distrital deve ser informado da reunião para que ele ou ela possa participar. O objectivo da reunião é cuidar de quaisquer problemas e diferenças e encontrar soluções num ambiente de amor, aceitação e perdão. Se um membro da junta é cônjuge do pastor, ele ou ela não fará parte do processo de revisão [¶123.1].

Depois de um pastor completar dois anos de serviço como pastor, a junta da igreja, o pastor e o superintendente distrital reunir-se-ão. Como de costume, eles abordarão o relacionamento entre o pastor e a igreja. Contudo, nesta reunião, o superintendente distrital (ou um representante) trabalhará com a junta para verificar se deseja pedir ao pastor que continue por mais quatro anos [¶123].

A junta da igreja

Toda a igreja tem uma junta. Os membros da junta da igreja são os seguintes.

- O pastor
- Os mordomos
- Os ecónomos
- O superintendente dos MEDDI
- O presidente da JNI
- O presidente das MNI

Em alguns casos, outras pessoas serão eleitas para a junta da igreja, mas ela não terá mais de 25 membros. Se houver ministros (ordenados ou licenciados) que são membros da congregação, mas não têm uma designação ministerial, eles não são elegíveis para fazer parte da junta da igreja.

Os membros da junta da igreja devem representar o melhor do que significa ser nazareno. A igreja deve eleger aqueles que acreditam na inteira santificação, que vivem vidas santas e que apoiam a igreja e as suas doutrinas. Eles também devem ser fiéis na sua frequência e no dízimo.

A junta da igreja reúne-se pelo menos uma vez a cada dois meses. Algumas juntas da igreja reúnem-se todos os meses [¶127-128].

Os deveres da junta da igreja são...

... trabalhar com o pastor para cuidar da igreja.

... chamar um novo pastor.

... trabalhar com o pastor para desenvolver uma declaração escrita dos seus objectivos e expectativas. Isto é feito todos os anos e inclui o salário do pastor.

... providenciar que alguém pregue se não houver pastor.

... rever o relacionamento entre a igreja e o pastor a cada dois anos.

... eleger um tesoureiro e um secretário. O pastor é o presidente da junta da igreja.

... eleger pelo menos três pessoas para formar uma junta de evangelismo e membros da igreja.

... garantir que as obrigações financeiras da igreja estão pagas. Isto inclui os "orçamentos" nazarenos (fundos para as operações do distrito, escolas e Fundo de Evangelismo Mundial).

... garantir que todas as finanças da igreja são supervisionadas adequadamente. É requerido um relatório financeiro para todas as reuniões da junta da igreja e para a reunião anual da igreja.

... nomear pelo menos duas pessoas para contar as ofertas da igreja.

... preparar um orçamento para cobrir o trabalho da igreja a cada ano. Este orçamento também deve incluir valores para MNI, JNI, MEDDI, escolas e outras organizações da igreja.

... designar pessoas para uma junta para monitorizar as finanças e para relatar à junta se houver algum problema.

... aprovar ou renovar a licença de pregadores locais ou pastores leigos, se o pastor os recomendar. Se um pregador local tiver uma licença de pelo menos um ano, a junta da igreja poderá recomendar à assembleia distrital que ele ou ela receba uma licença de ministro.

... organizar um tempo sabático para o pastor a cada sete anos.

A junta da igreja tem muita responsabilidade. Além de todos os deveres listados, a junta da igreja também é responsável por todos os outros assuntos que não estão especificamente atribuídos ao pastor [¶129-130].

O secretário da igreja

A junta da igreja elege o secretário, que deve ser um membro da igreja.

Os deveres do secretário da igreja são...

... escrever as actas de todas as reuniões da igreja e de todas as reuniões da junta da igreja. As "actas" *são registos oficiais de toda a actividade de uma reunião. O secretário deve garantir que elas são cuidadosamente preservadas. A acta deve sempre incluir os nomes de todos os membros da junta e se estavam presentes ou ausentes.*

... dar na reunião um relatório das actividades da igreja, incluindo o número de membros da igreja.

... cuidar de todos os documentos legais pertencentes à igreja.

... contar ao superintendente distrital os resultados de uma votação para um pastor.

... assinar, com o pastor, os documentos legais da igreja.

[¶135]

O tesoureiro da igreja

A junta da igreja elege o tesoureiro, que deve ser um membro da igreja.

Os deveres do tesoureiro da igreja são...

... receber as ofertas em nome da igreja e gastar o dinheiro da igreja quando for autorizado a fazê-lo pela junta da igreja.

... registar todas as receitas e despesas num livro de relatório financeiro apropriado....dar um relatório na reunião da igreja e todas as reuniões da junta da igreja.

[¶136]

Os mordomos

O papel do mordomo na igreja é ajudar em áreas de serviço prático a outras pessoas. Todos os mordomos são também membros da junta da igreja. Eles são eleitos na reunião anual da igreja, ou a junta da igreja pode designar alguns membros para serem mordomos. A comissão da mordomia encoraja as pessoas a doarem generosamente tempo, talento e dinheiro para a obra do Senhor.

A comissão da mordomia é composta por pelo menos três, mas não mais de 13 membros.

Os deveres dos mordomos são...

... supervisionar os vários esforços de alcance da igreja, incluindo evangelismo e o início de novas igrejas.

... providenciar ajuda a pessoas carentes e atribuladas. Devem encorajar, visitar e cuidar os doentes e necessitados. Além disso, devem envolver outros membros da igreja no ministério às pessoas carentes da comunidade.

... ajudar o pastor, conforme necessário, a preparar e servir a Santa Ceia.

... servir como junta de evangelismo e membros da igreja e crescimento da igreja se a igreja não votar separadamente para essas juntas.

[¶137-140]

Os ecónomos

O papel do ecónomo é ser responsável pelo edifício e propriedade da igreja. Como os mordomos, todos os ecónomos são também membros da junta. Durante a reunião anual da igreja, os membros da igreja elegerão ecónomos para a junta da igreja, ou a junta da igreja poderá designar alguns dos seus membros para ecónomos. Haverá pelo menos três, mas não mais de nove ecónomos.

Os deveres dos ecónomos são...

... supervisionar o uso e manutenção de todo o terreno e edifícios pertencentes à igreja.

... ajudar a desenvolver planos financeiros para a igreja, incluindo o salário do pastor.

[¶141-144]

A comissão da educação (Escola Dominical)

A comissão de educação é responsável por cuidar do trabalho da Escola Dominical, discipulado, clube infantil, estudos bíblicos e todos os ministérios de ensino da igreja. Oficialmente, o nome desta comissão é a Junta dos Ministérios da Escola Dominical e do Discipulado Internacionais [MEDDI]. Frequentemente chamamos-lhe simplesmente a junta dos MEDDI ou a junta da Escola Dominical. Nas igrejas com menos de 75 membros, a junta da igreja pode actuar como a comissão de educação.

Os membros desta comissão são...

... O presidente da junta de educação (MEDDI). Esta pessoa costuma ser chamada de superintendente da Escola Dominical.

... o pastor

... o presidente da comissão de missões (MNI)

... o presidente do conselho da juventude (JNI)

... o presidente da comissão do ministério infantil

... o presidente de qualquer ministério de adultos

... pelo menos três, mas não mais que nove, membros eleitos para a comissão, na reunião anual da igreja.

A tarefa desta comissão é alcançar o maior número possível de pessoas sem igreja para Cristo.

Os objectivos dos MEDDI são...

... encontrar maneiras de trazer pessoas para a comunhão da igreja.

... ensinar a Palavra de Deus efectivamente.

... ensinar as doutrinas da fé cristã.

... ajudar as pessoas da igreja a tornarem-se discípulos semelhantes a Cristo em carácter, atitudes e hábitos.

... ajudar a fortalecer os lares cristãos.

...preparar os crentes para serem membros da igreja.

... equipar os membros da igreja para ministérios cristãos apropriados.

... *escolher o currículo a ser usado em todos os programas educacionais da igreja.*

... *nomear pessoas para presidir a várias comissões. (O pastor então aprovará os nomes e os apresentará à reunião anual da igreja para eleição.)*

[¶145-149]

A comissão da juventude (Juventude Nazarena Internacional)

O ministério da igreja para os jovens é organizado pelo conselho da JNI. JNI significa Juventude Nazarena Internacional. O objectivo do conselho da JNI é ajudar a discipular jovens.

Os membros desta comissão são eleitos numa reunião anual de todos os jovens e daqueles que trabalham com jovens na igreja. Somente um membro da igreja pode ser eleito para servir no conselho da JNI. Geralmente o conselho é composto por um presidente, vice-presidente, secretário e tesoureiro. Membros adicionais podem ser eleitos, se necessário.

Os objectivos da JNI são...

... *ajudar os jovens a aceitar Jesus Cristo como seu Salvador.*

... *instruí-los na palavra de Deus e nas doutrinas da igreja.*

... *discipulá-los para que cresçam na fé cristã e no carácter santo.*

... *ajudá-los a tornarem-se membros da igreja e activos no trabalho da igreja.*

... *equipá-los para que se envolvam no ministério.* [¶150; 810]

A comissão de missões
(Missões Nazarenas Internacionais)

A maioria das igrejas nazarenas organiza um conselho das MNI para ajudar no evangelismo mundial e no trabalho missionário. MNI significa Missões Nazarenas Internacionais. O conselho das MNI trabalha na igreja local para gerar interesse na oração e no apoio ao trabalho missionário da igreja noutros países. O conselho das MNI geralmente é composto por um presidente, vice-presidente, secretário e tesoureiro. Membros adicionais podem ser eleitos, se necessário.

Os objectivos da MNI são...

... *encorajar as pessoas a orar por aqueles que ainda não são cristãos.*

... *informar a igreja sobre o trabalho da igreja noutros países.*

... *ajudar os jovens a ouvir a chamada de Deus e a dedicarem-se ao serviço cristão.*

...*encorajar as pessoas a dar generosamente ao trabalho de evangelismo mundial.* [¶152-154.3; 811]

Outros ministérios da igreja

As igrejas locais costumam organizar grupos e comissões adicionais. Por exemplo, muitas igrejas agora têm um ministério de mulheres e um ministério de homens. Nem todos estão listados no Manual, mas devem ser organizados de maneira semelhante às MNI e à JNI. É uma boa ideia se os presidentes desses grupos também servirem na junta da igreja, assim como o presidente da JNI e o presidente das MNI.

CAPÍTULO SEIS

O DISTRITO

As igrejas nazarenas locais numa área geográfica são agrupadas para formar um distrito. O líder de cada distrito é chamado de superintendente do distrito. A cada ano, representantes de todas as igrejas locais reúnem-se no que é chamado de assembleia distrital. Cada distrito faz parte de um grupo maior composto de distritos chamado região, liderado por um director regional. Algumas regiões também agrupam distritos em campos, que são liderados por um coordenador de estratégia de campo.

Existem três níveis diferentes de distritos [¶200.2].

Fase 1

Quando a Igreja do Nazareno começa a trabalhar num novo país ou numa nova área, é chamado distrito da fase 1. O director regional recomenda que alguém seja nomeado superintendente. O superintendente geral tomará a decisão final e irá nomear a pessoa para o cargo.

Fase 2

Um distrito da fase 2 tem pelo menos 10 igrejas organizadas, 500 membros em plena comunhão e 5 presbíteros.Pelo menos metade das finanças necessárias para a administração do distrito virão de dentro do mesmo. A junta consultiva de um distrito pode solicitar que seja reconhecido como um distrito de fase 2. Se a liderança regional acreditar que um distrito da fase 1 está pronto para passar para a próxima fase, fará uma recomendação à Junta de Superintendência Gerais que tomará a decisão. O superintendente distrital pode ser eleito ou nomeado.

Fase 3

Um distrito da Fase 3 é aquele que demonstra liderança madura, apoio financeiro, fidelidade às doutrinas da igreja e uma visão para o crescimento da igreja global.

Um distrito de fase 3 tem pelo menos 20 igrejas organizadas, 1000 membros, 10 presbíteros e arrecada todo o dinheiro necessário para a administração do distrito.

O superintendente distrital será eleito pela assembleia distrital.

A Assembleia Distrital

Cada distrito realiza uma reunião especial uma vez por ano chamada assembleia distrital. Nesta reunião, os representantes das igrejas locais elegem os líderes distritais, conduzem os trabalhos e ouvem os relatórios dos pastores e juntas distritais. É também um tempo de adoração, comunhão e treinamento para o serviço na igreja. É uma oportunidade para criar entusiasmo e enfatizar a visão e a missão do distrito.

O superintendente geral decide a data e a hora da assembleia distrital. O superintendente distrital e a junta consultiva distrital decidem onde a assembleia distrital será realizada [¶201-204].

Os membros da assembleia distrital são...

... todos os ministros ordenados (presbíteros e diáconos)

... todos os pastores com licenças de ministro emitidas pela assembleia distrital

... o secretário distrital

... o tesoureiro distrital

... o presidente distrital dos MEDDI

... o presidente distrital da JNI

... o presidente distrital das MNI

... os presidentes de outros conselhos distritais

... os superintendentes recém-eleitos da Escola Dominical de cada igreja local

... os presidentes recém-eleitos da JNI de cada igreja local

... os presidentes recém-eleitos das MNI de cada igreja local

... os membros da junta consultiva

... os delegados de cada igreja local

A delegação da igreja local à assembleia distrital

Os delegados da igreja local são geralmente eleitos na reunião anual da igreja. Às vezes, a igreja decide permitir que a junta da igreja seleccione os seus delegados. Todos os delegados devem ser membros leigos da igreja local. Um leigo é alguém que não é um ministro ordenado e não possui uma licença de ministro do distrito.

O número de delegados de cada igreja depende de duas coisas: o número de membros de uma igreja local e o número de membros do distrito [¶201.1-201.2].

Uma igreja que faz parte de um distrito com menos de 5000 membros, pode eleger dois delegados se tiver 50 ou menos membros. Ela pode eleger um delegado extra por cada grupo adicional de cinquenta membros. Por exemplo:

50 membros da igreja: 2 delegados

51 a 100 membros: 3 delegados

101 a 150 membros: 4 delegados

151 a 200 membros: 5 delegados

Para distritos maiores que têm 5000 ou mais membros, cada igreja local envia menos um delegado. Assim:

50 membros da igreja: 1 delegado

51 a 100 membros: 2 delegados

101 a 150 membros: 3 delegados

151 a 200 membros: 4 delegados

O Distrito

Isto significa que cada igreja local pode enviar as seguintes pessoas para a assembleia distrital.

- O pastor (se ele ou ela é licenciado ou ordenado)
- O superintendente da Escola Dominical
- O presidente da JNI
- O presidente das MNI
- Pelo menos um delegado e mais, dependendo do tamanho da igreja.

O trabalho da assembleia distrital

Os deveres da assembleia distrital são receber relatórios, eleger líderes e tratar de outros assuntos. A assembleia distrital também elegerá membros para vários cargos como líderes e membros de comissões. Alguns destes cargos são por mais de um ano; portanto, nem todos serão eleitos todas as vezes que a assembleia distrital se reúne. A assembleia distrital também realizará outras acções oficiais, baseadas nas recomendações provenientes das suas comissões e igrejas locais.

A assembleia distrital receberá relatórios...

... do superintendente distrital [¶205.2]

... de cada ministro ordenado e qualquer pessoa que possua uma licença de ministro emitida pelo distrito [¶205.3]

... da junta consultiva [¶222.25]

A assembleia distrital elegerá...

...o superintendente distrital... a junta consultiva

... a junta do ministério

... a junta distrital da Escola Dominical

... os delegados à Assembleia Geral (uma vez a cada quatro anos)

... outras juntas e comissões

Todos os anos é diferente, mas geralmente a assembleia distrital também...

... concede licenças de ministro a pastores que ainda não foram ordenados

... aprova pastores para ordenação

... aprova pastores de outras denominações para se tornarem pastores na Igreja do Nazareno

... revê e aprova os relatórios do distrito

O superintendente distrital

O superintendente distrital é o líder do distrito e deve ser um presbítero na Igreja do Nazareno. Nos distritos da Fase 1, o superintendente distrital é nomeado pelo superintendente geral. Nos distritos da Fase 2, o superintendente distrital pode ser nomeado ou eleito. Nos distritos da Fase 3, o superintendente distrital é eleito pela assembleia distrital. Para ser eleito, uma pessoa deve receber votos de dois terços dos membros da assembleia distrital [¶209.1].

Depois de completar dois anos, o superintendente distrital pode ser reeleito. Um superintendente distrital pode ser reeleito sem mais ninguém na cédula de voto. Neste caso, os membros da assembleia distrital votarão "sim" ou "não". O superintendente distrital deve receber votos positivos de dois terços dos membros para ser reeleito. Se reeleito, ele ou ela servirá durante quatro anos [¶208].

Se um superintendente distrital renunciar ou não for reeleito, a assembleia distrital continuará a votar até que alguém seja eleito. Os delegados podem votar em qualquer presbítero da Igreja do Nazareno. Eles continuarão a votar até que um presbítero receba dois terços dos votos.

O trabalho do superintendente distrital

O superintendente distrital pode ser pastor de uma igreja local. No entanto, ele ou ela tem muito trabalho a fazer [¶211-218.1].

O superintendente distrital ajuda as igrejas locais e lidera o distrito.

Ajudando as igrejas locais

O superintendente distrital às vezes é chamado de "pastor dos pastores". Ele ou ela também trabalha com igrejas locais de muitas outras maneiras. Os deveres do superintendente distrital são...

... organizar, fortalecer e incentivar as igrejas locais.

... encontrar-se com as juntas da igreja para rever o trabalho do pastor.

...ajudar as juntas da igreja a chamar um novo pastor.

... reunir-se com as juntas da igreja e pastores que precisam de ajuda em alturas problemáticas (espirituais, financeiras, pastorais, etc.)

... ajudar a guiar igrejas missionárias, lugares e pontos de pregação que ainda não estão organizados.

... aprovar alguém para uma licença de pregador local, se o pastor não for ordenado.

... conduzir a reunião anual da igreja de uma igreja local se não houver pastor ou se houver problemas na igreja.

... aprovar solicitações de pastores e juntas da igreja para empregar alguém como ministro remunerado, como por exemplo um pastor de jovens ou um pastor auxiliar.

Liderar o distrito

Trabalhando com a junta consultiva, o superintendente distrital é responsável por...

...apresentar uma visão clara para evangelismo, plantação de igrejas, crescimento de igrejas e desenvolvimento de igrejas no distrito.

...presidir a junta consultiva.

...conduzir a assembleia distrital se o superintendente geral não estiver presente.

...ser membro de todas as juntas e comissões distritais.

...nomear um substituto se um líder distrital se demitir de um cargo, por exemplo o secretário distrital ou o tesoureiro distrital.

O superintendente distrital não gastará dinheiro do distrito sem a aprovação da junta consultiva. Ele ou ela e todos os membros da família directa (cônjuge, pais, filhos e irmãos) não poderão assinar cheques em nenhuma conta do distrito sem a aprovação da assembleia distrital e a autorização por escrito da junta consultiva [¶ 217].

O secretário distrital

O secretário distrital é eleito pela junta consultiva. Ele ou ela serve por um, dois ou três anos e pode ser reeleito [¶219-221].

Os deveres do secretário distrital são...

... registar correctamente as acções da assembleia distrital e preservar as actas e as estatísticas.

... enviar uma cópia de todos os relatórios distritais ao escritório do campo.

... encaminhar quaisquer pedidos ou questões à comissão apropriada.

... cuidar de todos os documentos legais que pertencem ao distrito.

O tesoureiro distrital

O tesoureiro distrital é eleito pela junta consultiva. Ele ou ela serve por um, dois ou três anos e pode ser reeleito [¶219-221].

Os deveres do tesoureiro distrital são...

... receber e desembolsar o dinheiro do distrito. O tesoureiro deve seguir as políticas e instruções da junta consultiva e da assembleia distrital.

... manter um registo cuidadoso de todo o dinheiro recebido e gasto, e preparar relatórios financeiros. O tesoureiro dará um relatório mensal ao superintendente distrital.

... fornecer um relatório anual à assembleia distrital.

A junta consultiva

Os membros desta junta são eleitos anualmente na assembleia distrital. Os pastores que possuem licença de ministro não podem servir na junta consultiva. A junta ajuda o superintendente distrital a liderar e governar o distrito [¶224-228].

Os membros desta junta são...

... o superintendente distrital

... até três ministros ordenados

... até três leigos

Se um distrito crescer além dos 5000 membros, é permitido eleger membros adicionais para a junta consultiva.

O superintendente distrital preside a junta consultiva. Nos distritos de fase 1 e 2, o coordenador de estratégia de campo poderá nomear um representante missionário para servir nela.

Os deveres desta junta são...

... aconselhar o superintendente distrital a respeito dos ministros e igrejas locais no distrito. Eles também dão conselhos relacionados a qualquer junta ou comissão distrital.

... eleger um tesoureiro distrital e um secretário distrital.

... dar uma recomendação à assembleia distrital para qualquer pessoa que esteja a solicitar uma licença de ministro distrital ou pastores que desejem renovar a sua licença.

... supervisionar todas as propriedades e edifícios pertencentes ao distrito.

... examinar os documentos relativos ao testemunho, antecedentes e ordenação de um pastor de outra denominação que deseja unir-se à Igreja do Nazareno.

... lidar com a transferência de ministros para outros distritos e de outros distritos.

... fazer outros deveres oficiais que não estejam atribuídos explicitamente ao superintendente distrital.

A junta do ministério

Esta junta é responsável por avaliar e desenvolver aqueles que estão no processo de se tornarem ministros ordenados. Às vezes, esta junta divide-se em duas juntas: a junta de credenciais ministeriais e a junta de estudos ministeriais. [¶205.17]

A junta de credenciais ministeriais

Esta junta tem pelo menos cinco presbíteros. O superintendente distrital é membro e preside as reuniões. A junta elegerá um secretário para manter um bom registo de todas as decisões da junta. Os membros examinam cuidadosamente qualquer pessoa que deseje receber uma licença de ministro ou ser ordenado. Se um pastor possui uma licença de ministro, ele ou ela deve ser aprovado por esta junta todos os anos até que seja ordenado.

A junta avalia a pessoa em três áreas [¶229-231.10].

1. Experiência cristã. Alguém que quer tornar-se um ministro na Igreja do Nazareno deve ter uma experiência clara de salvação e de ser cheio do Espírito Santo. A junta irá procurar evidência de que a pessoa tem dons e graças para o ministério.

2. Crenças. A junta fará perguntas para garantir que a pessoa tem um bom conhecimento da Bíblia, bem como das doutrinas da Igreja do Nazareno. Eles também farão perguntas para garantir que ele ou ela aceite essas doutrinas como verdadeiras e não apenas como algo a ser estudado.

3. Estilo de vida. Qualquer pessoa que queira ser um ministro na Igreja do Nazareno deve apoiar os padrões de conduta e seguir as regras da igreja.

A junta de estudos ministeriais

Esta junta tem cinco ou mais presbíteros. Ela zela pelo programa de estudo das pessoas que estão a trabalhar para a ordenação. Os membros encorajam, orientam e auxiliam-nos no seu treinamento [¶232-234.4].

A junta distrital da Escola Dominical (MEDDI)

O nome oficial deste grupo é Junta Distrital dos Ministérios da Escola Dominical e do Discipulado Internacional. Porém, na maioria das vezes, as pessoas chamam-na de junta da Escola Dominical ou da junta dos MEDDI. Ela supervisiona todas as actividades distritais para a educação cristã.

A junta elege um secretário, um tesoureiro e os directores dos três ministérios distritais: adultos, crianças e educação continua dos leigos. Estas pessoas tornam-se membros da junta dos MEDDI, se ainda não fizerem parte [¶241-242.3].

Os membros desta junta são...

...*o superintendente distrital*

...*o presidente distrital das missões (MNI)*

...*o presidente distrital da juventude (JNI)*

...*o presidente da junta*

...*pelo menos três membros eleitos*

O conselho distrital da juventude (JNI)

O nome oficial deste grupo é Conselho da Juventude Nazarena Internacional. A maioria das pessoas chama-a de conselho da JNI. É responsável por planear as actividades do ministério para os jovens do distrito. Os membros do conselho são eleitos numa convenção da JNI a cada ano. Há um presidente, vice-presidente, secretário e tesoureiro, além de membros adicionais e directores de ministério [¶243].

O conselho distrital das missões (MNI)

O nome oficinal deste grupo é Conselho das Missões Nazarenas Internacionais. A maioria das pessoas chama-lhe conselho das MNI. Ele trabalha para informar e inspirar as pessoas acerca dos esforços de evangelismo da Igreja do Nazareno em todo o mundo. Os membros do conselho são eleitos numa convenção das MNI em cada ano. Há um presidente, vice-presidente, secretário e tesoureiro, além de três membros adicionais [¶244].

Outras juntas e comissões do distrito

A assembleia distrital pode ter outras comissões e juntas importantes que a ajudam a funcionar de forma apropriada, incluindo as finanças, a organização de reuniões, esforços evangelísticos e muitas outras tarefas. O superintendente distrital é sempre um membro dessas juntas e geralmente têm um número igual de ministros e leigos.

CAPÍTULO SETE

A ASSEMBLEIA GERAL

A Igreja do Nazareno trabalha em mais de 160 países diferentes. A cada quatro anos, os delegados desses países reúnem-se em Junho para a sua reunião mais importante: a Assembleia Geral [¶301]. Nesta reunião, os delegados têm autoridade para formular as doutrinas e fazer leis que governam a igreja em todo o mundo. Os superintendentes gerais presidem a Assembleia Geral.

Os membros da Assembleia Geral são...

... os delegados de todos os distritos à volta do mundo

... os superintendentes gerais, inclusive os reformados

... os directores e presidentes de todos os departamentos e ministérios da Igreja do Nazareno internacional

A maioria dos membros são delegados eleitos pelos distritos. Nos distritos da fase 3, metade dos delegados são leigos e metade são ministros ordenados que têm uma designação no distrito. O superintendente distrital é um dos ministros. Os restantes são eleitos pelas assembleias distritais. Estas também elegerão suplentes para substituir um delegado que não possa participar da Assembleia83Geral. O número de delegados dos distritos da fase 3 depende do número de membros [¶301.1].

até 6000 membros: quatro delegados
6001 a 10000 membros: seis delegados
10001 a 15000 membros: oito delegados
15001 a 20000 membros: dez delegados etc.

Aos distritos da fase 2 são permitidos apenas dois delegados. O delegado ministerial é o superintendente distrital e a assembleia distrital elege o delegado leigo. Os distritos da Fase 1 podem enviar o superintendente distrital como delegado, mas ele ou ela não pode votar.

O trabalho da Assembleia Geral

A Assembleia Geral tem muito trabalho a fazer cada vez que se reúne [¶305-305.9].

Os deveres da Assembleia Geral são...

... eleger seis superintendentes gerais.

... eleger os membros da Junta Geral e outras juntas e comissões internacionais.

... aceitar ou rejeitar resoluções para adicionar, alterar ou excluir partes do Manual ou da constituição da Igreja do Nazareno.

Os distritos podem enviar resoluções a serem consideradas na Assembleia Geral. Estas resoluções serão primeiramente enviadas para as comissões para debate. Então, essas comissões farão recomendações para aceitar ou rejeitar a resolução. Todas as recomendações serão eventualmente enviadas à Assembleia Geral, que debaterá ainda mais cada uma e votará sobre elas. É desta maneira que o Manual da igreja pode ser modificado.

Junta de Superintendentes Gerais

Existem seis superintendentes gerais que são presbíteros. Eles devem ter entre 35 e 68 anos ao serem eleitos. Os superintendentes gerais supervisionam o trabalho da Igreja do Nazareno em todo o mundo. Os seis superintendentes gerais reúnem-se a cada três meses. Juntos, eles são chamados de Junta de Superintendentes Gerais. A cada região é designado um superintendente geral que ajuda os distritos de várias maneiras [¶306-307.16; 315-324].

Os superintendentes gerais providenciam liderança espiritual à igreja ao...

... articularem a missão da igreja

... lançarem a visão para o futuro da igreja

... ordenarem ministros

... consciencializarem acerca da nossa teologia

... providenciarem supervisão geral sobre o trabalho da igreja

Eles providenciam liderança administrativa à igreja ao...

... presidirem à Assembleia Geral e às reuniões da Junta Geral.

... presidirem cada assembleia distrital ou nomearem alguém para os substituírem.

... presidirem cerimónias de ordenação. Eles ordenam os ministros que a assembleia distrital elege para serem presbíteros ou diáconos. Às vezes, designam outra pessoa para dirigir o culto de ordenação.

... nomearem superintendentes distritais se houver uma vaga entre assembleias distritais. Eles fazem-no após consultarem a junta consultiva e os outros líderes do distrito.

... supervisionarem todas as juntas e departamentos da igreja geral.

... decidirem, juntamente com a Junta Geral, como o Fundo de Evangelismo Mundial deve ser gasto. Este fundo é conhecido como WEF (FEM), e é o dinheiro conjunto doado por todas as igrejas de todo o mundo para apoiar o trabalho da denominação.

... interpretarem a lei e as doutrinas da Igreja do Nazareno.

... fazerem o que acharem necessário para ajudar o trabalho da igreja, desde que esteja em harmonia com o Manual da Igreja do Nazareno.

A Junta Geral

Existem cerca de 40 membros da Junta Geral e eles reúnem-se uma vez por ano. Cada região pode nomear membros leigos e ministros ordenados para ela. O número de membros depende do número total de nazarenos em cada região. Eles são então eleitos pelos delegados daquela região para a Assembleia Geral. O tesoureiro geral e o secretário geral também são membros. Os membros adicionais são eleitos por algumas das organizações internacionais da Igreja do Nazareno, como a JNI e as MNI.

A Junta Geral cuida do trabalho da igreja em todo o mundo. Ajuda cada departamento a trabalhar em harmonia com os outros departamentos. Juntamente com a Junta de Superintendentes Gerais, a Junta Geral decide como gastar o Fundo de Evangelismo Mundial. A Junta Geral ouve relatórios de todos os departamentos da igreja [¶331-341].

O Secretário-Geral

O secretário geral é eleito pela Assembleia Geral. Ele ou ela guardam todos os registos oficiais da Igreja do Nazareno, incluindo as actas da Assembleia Geral. O secretário geral também mantém estatísticas cuidadosas dos membros da igreja e preserva os documentos legais e importantes da Igreja [¶325].

O tesoureiro geral

O tesoureiro geral é eleito pela Junta Geral. Ele ou ela cuida de todo o dinheiro recebido e gasto pela igreja internacional [¶329].

CAPÍTULO OITO

O MINISTRO NAZARENO

A Igreja do Nazareno insiste que todos os crentes devem ministrar à sua família, amigos e vizinhos. Contudo, também reconhece que o Senhor chama alguns homens e mulheres para o trabalho mais oficial do ministério público. Quando a igreja descobre que alguém é chamado para este tipo de ministério, é responsável por investigar essa chamada e dar oportunidades para a pessoa entrar no ministério. Na maioria dos casos, chamamos essas pessoas de pastores, embora também possam ser diáconos.

Na Igreja do Nazareno, usamos a palavra "ministro" para incluir presbíteros e diáconos. Quando usamos a palavra "clero", estamos a falar de todos os presbíteros, diáconos ordenados e os que são portadores de uma licença de ministro distrital.

Existem três níveis de ministros na Igreja do Nazareno. Eles são:

1. **O ministro local,** aprovado pela junta da igreja local [¶531]
2. **O ministro licenciado,** aprovado pela assembleia distrital [¶532]
3. **O ministro ordenado,** aprovado pela assembleia distrital e ordenado pelo superin-

tendente geral como presbítero ou diácono. A ordenaçãoé uma cerimónia especial em que um ministro é consagrado para a tarefa do ministério.

O Ministro Local

O ministro local deve ser um membro da Igreja do Nazareno. Ele ou ela é licenciado pela junta da igreja local e trabalha sob a direcção do pastor. Isto dá aos ministros locais a oportunidade de usar e desenvolver os seus dons ministeriais. Quando uma pessoa recebe uma licença de ministro local, ele ou ela entra num processo de aprendizagem ao longo da vida.

Se o pastor da igreja local for presbítero, a junta da igreja local poderá emitir a licença, que é assinada pelo secretário da igreja e pelo pastor. Se o pastor da igreja local não for presbítero, então a sua recomendação deverá ser aprovada pelo superintendente distrital.

Antes de uma pessoa receber uma licença local, o pastor e a junta devem examinar a sua experiência de salvação, a sua compreensão das doutrinas da Bíblia e o seu conhecimento do Manual. Os candidatos devem demonstrar que possuem os dons espirituais necessários para o ministério e que são espiritualmente maduros.

A licença é válida por um ano, mas pode ser renovada. O ministro local deve seguir o curso de estudo para ministros. Se, após dois anos, o ministro não concluir dois cursos, a licença não será renovada.

Um ministro local não oficia casamentos, nem pode administrar os sacramentos do baptismo e da Ceia do Senhor. Ele ou ela ainda é considerado leigo.

O Ministro Licenciado

O próximo nível de ministério vem com o reconhecimento da assembleia distrital. Os candidatos devem ser membros da Igreja do Nazareno e devem ter uma chamada clara para o ministério durante a sua vida. Aqui estão os requisitos para um ministro local receber uma licença de ministro do distrito:

- O candidato deve ser um ministro local que possua uma licença de ministro local por pelo menos um ano.
- O requerente deve receber a aprovação da junta da sua igreja local. Se ele ou ela é pastor de uma igreja, a junta consultiva deve dar aprovação.
- O candidato deve ter completado um ano inteiro de um curso de estudo aprovado, geralmente através de uma faculdade bíblica (ou equivalente) e deve prometer continuar o curso de estudos para ministros.
- O candidato deve preencher cuidadosamente o pedido para a licença de ministro e submetê-lo à junta de ministério.

- O candidato será entrevistado pela junta de ministério para determinar se ele ou ela é apto(a), ou não, para a obra.
- O candidato deve receber um voto favorável da assembleia distrital.

O ministro licenciado está a trabalhar para se tornar presbítero ou diácono. Depois de uma pessoa receber a licença inicial, ela tem dez anos para concluir o curso de estudos para ministros.

Aqueles que possuem uma licença de ministro do distrito podem ser designados como pastores de igrejas no seu distrito. Desde que passem nos cursos de estudo exigidos, têm autoridade para pregar e administrar os sacramentos nas suas próprias congregações. Se as leis locais permitirem, o ministro licenciado pode também oficiar casamentos.

Os ministros licenciados de outras nomeações evangélicas podem solicitar uma transferência para servir na Igreja do Nazareno. Eles devem apresentar as suas credenciais à junta consultiva. Se seguiram um curso de estudos equivalente ao da Igreja do Nazareno, e se cumprirem todos os outros requisitos listados acima, a assembleia distrital poderá conceder uma licença de ministro.

A licença distrital é para um ano, mas pode ser renovada. Depois de uma licença ser concedida, o pastor deve atender aos seguintes requisitos para que a licença seja renovada.

- O ministro deve possuir uma licença distrital e preencher um pedido de renovação a cada ano.
- O ministro deve ser aprovado pela junta consultiva.
- O ministro deve ter completado pelo menos mais dois cursos no programa de estudo.
- O ministro deve demonstrar que tem dons espirituais e utilidade para o trabalho.
- O ministro deve ser aprovado pela junta do ministério e pela assembleia distrital.
- O ministro não pode renovar uma licença após dez anos, a menos que haja circunstâncias especiais.
- O ministro deve ter o objectivo de ser ordenado como presbítero ou diácono na Igreja do Nazareno.

O ministro ordenado

Na Igreja do Nazareno, reconhecemos dois tipos de ministros ordenados: o diácono e o presbítero.

O diácono

O diácono é uma pessoa que se sente chamada para o serviço cristão a tempo integral, mas não uma chamada para pregar. Alguns diáconos servem como trabalhadores a tempo integral com crianças ou jovens, alguns trabalham como capelães de hospitais, alguns realizam visitas em tempo integral numa igreja grande e outros estão envolvidos em em ministérios de compaixão de tempo integral.

O diácono recebe autoridade para administrar sacramentos e, ocasionalmente, para dirigir celebrações de adoração e pregar. Os passos para se tornar um diácono são os mesmos que para se tornar um presbíteroexcepto se existirem algumas diferenças nos estudos requeridos [¶533].

O presbítero

A posição de presbítero é para aqueles que têm uma chamada clara de Deus para pregar a Sua Palavra. Esperamos que os nossos pastores dediquem toda a sua energia a uma vida inteira de serviço cristão. Esta é uma posição permanente e a ordenação não precisa ser renovada todos os anos [¶534].

Um pastor com licença de ministro deve preencher muitos requisitos para ser ordenado como presbítero. Ele ou ela deve...

- *... formar-se num curso de estudo validado para ministros.*

- *... servir como pastor por três anos consecutivos (ou mais) enquanto detém uma licença distrital. Para ministros que servem em período parcial, o distrito pode exigir mais de três anos de serviço.*

- *... receber a recomendação para renovação da licença do ministro pela junta da igreja ou pela junta consultiva.*

> ## DEUS ESTÁ A CHAMÁ-LO PARA SER MINISTRO?
>
>
>
> Se acha que Deus pode estar a chamá-lo para ser pastor ou diácono, é importante procurar o conselho sábio de outros crentes, especialmente do seu pastor.
>
> Embora possa iniciar o processo de estudo para o ministério, apenas o pastor e a junta da igreja lhe podem conceder uma licença de ministro local, e apenas alguém que tenha uma licença de pastor local, durante pelo menos um ano, pode candidatar-se uma licença distrital.

... ser cuidadosamente avaliado e aprovado pela junta de ministério e receber a sua recomendação.

... estar em boa posição com a igreja. Isto significa que não há desqualificações no seu registo.

... receber um voto favorável de dois terços dos membros da assembleia distrital para recomendar o candidato à ordenação.

A ordenação de um novo presbítero ou diácono acontece num culto especial realizado pelo superintendente geral, geralmente por altura da assembleia distrital. O superintendente geral, juntamente com os outros presbíteros e diáconos, imporá as mãos sobre o ministro e ordená-lo-á como presbítero ou diácono da Igreja do Nazareno.

Reconhecimento de credenciais de outras denominações

Os ministros ordenados de outras nomeações evangélicas que desejam unir-se à Igreja do Nazareno serão examinados pela junta do ministério quanto à sua conduta, experiência pessoal e crenças doutrinárias [¶535]. Se aprovados, podem transferir as suas credenciais para o distrito. Eis as etapas:

- Devem cumprir todos os outros requisitos listados acima.
- Devem concluir um curso sobre o Manual da Igreja do Nazareno.
- Devem preencher um formulário especial e enviá-lo ao secretário do distrito.
- Nessa altura, devem estar a servir numa tarefa ministerial.

O superintendente geral irá emitir um certificado de reconhecimento, assinado pelo superintendente distrital e pelo secretário do distrito.

Reforma do ministério

O ofício do ministro ordenado é permanente, o que significa que não precisa ser renovado a cada ano. O ministro deve fornecer um relatório anual à assembleia distrital. Quando um presbítero ou diácono se reforma do ministério, a assembleia distrital fará uma anotação no jornal do distrito. O nome do ministro permanecerá na lista do distrito, mas ele ou ela não será obrigado a apresentar um relatório à assembleia distrital [¶536].

A renúncia ou remoção do ministério

O certificado de ordenação é como um contrato entre o ministro e a denominação. Só é válido enquanto a vida e o ensino do ministro estão de acordo com as doutrinas e práticas da igreja.

Os ministros ordenados não dirigirão regularmente actividades independentes da igreja que não estejam sob a direcção da Igreja do Nazareno sem a aprovação da junta consultiva. Se um presbítero ou diácono se unir a outra denominação, ele ou ela deixa de ser presbítero ou diácono da Igreja do Nazareno [¶539.4]. Ou seja, o seu nome será removido da lista distrital de ministros.

Um ministro pode renunciar ao ministério enviando as suas credenciais ao superintendente distrital que as enviará ao secretário geral para que sejam guardadas [¶539]. Um ministro que não for designado durante quatro ou mais anos pode ser colocado como "removido" pela assembleia distrital [¶539.2].

Infelizmente, às vezes é necessário disciplinar um membro do clero. Se for provado que as acusações sérias são verdadeiras, o nome do presbítero ou do diácono será removido da lista de ministros. Isto pode ser causado por má conduta grave ou por ensinar doutrinas em desacordo com os artigos de fé. Mais detalhes sobre este processo são encontrados no Manual [¶539; 606,1].

CONCLUSÃO

A Igreja do Nazareno é uma organização maravilhosa, mas uma organização é tão boa quanto as suas pessoas. Os nazarenos são algumas das melhores pessoas do mundo.

O Manual da Igreja do Nazareno pode parecer um livro enfadonho de regras, políticas e procedimentos. No entanto, existe para ajudar a nossa igreja a tornar-se mais eficaz no cumprimento da sua grande tarefa de "ir e fazer discípulos de todas as nações". Existe para ajudar esses discípulos a tornarem-se cada vez mais semelhantes a Cristo. Existe para que o Reino de Deus se expanda e cresça e para que muitas novas pessoas descubram o que significa viver em santidade e amar a Deus de todo o seu coração.

Portanto, ao trabalharmos juntos, pastores e leigos, lembremo-nos destas palavras da Bíblia.

A palavra de Deus para os membros da igreja:

"Sois filhos queridos de Deus por isso tentem ser como Ele. Vivam uma vida de amor. Amem os outros como Cristo nos amou" (Efésios 5:1, ERV).

A palavra de Deus para os pastores e líderes da igreja

"Olhai, pois, por vós e por todo o rebanho sobre o qual o Espírito Santo vos constituiu bispos, para apascentardes a igreja de Deus, que Ele resgatou com seu próprio sangue (Actos 20:28).

"Apascentai o rebanho de Deus que está entre vós, tendo cuidado dele, não por força, mas voluntariamente; nem por torpe ganância, mas de ânimo pronto; nem como tendo domínio sobre a herança de Deus, mas servindo de exemplo ao rebanho. E, quando aparecer o Sumo Pastor, alcançareis a incorruptível coroa de glória" (1 Pedro 5:2-4).

ANEXO

ASSUNTOS MORAIS E SOCIAIS CONTEMPORÂNEOS

A Igreja do Nazareno existe num mundo de ideias complexas e competitivas sobre que comportamentos devem ser considerados aceitáveis. Muitas vezes, a igreja discorda com a moralidade das nossas comunidades e sociedade. A seguir estão declarações tiradas directamente do *Manual* que abordam algumas destas questões.

Doação de Órgãos. A Igreja do Nazareno exorta os seus membros, que não têm objecções pessoais, a encorajarem doadores e receptores de órgãos anatómicos através de testamentos e doações. Mais ainda, apelamos que se faça uma distribuição moral e eticamente justa dos órgãos pelos habilitados para os receber. [¶914]

Discriminação. A Igreja do Nazareno reitera a sua posição histórica de compaixão cristã por pessoas de todas as raças. Cremos que Deus é o Criador de todas as pessoas, e que de um sangue todas foram criadas. Cremos que cada indivíduo, independentemente da raça, cor, género ou crença, deve ter os mesmos direitos perante a lei, incluindo o direito de votar, igual acesso a oportunidades de educação, a todas as instalações públicas e, de acordo com a sua capacidade, igual oportunidade de ganhar a vida, livre de qualquer discriminação profissional ou económica.

Exortamos as nossas igrejas em toda a parte, que continuem e incrementem programas de educação para promover concórdia e compreensão racial. Cremos também que a admoestação bíblica de Hebreus 12:14 deve guiar a conduta do nosso povo. Exortamos todos os membros da Igreja do Nazareno a examinarem humildemente as suas atitudes e comportamentos para com os outros, como primeiro passo para alcançar o alvo cristão de participação plena de todos na vida da igreja e na toda a comunidade.

Reiteramos a nossa crença que a santidade de coração e de vida é a base para uma vida recta. Cremos que o amor cristão entre grupos raciais ou sexos diferentes existirá quando os corações dos seres humanos forem transformados através de completa submissão a Jesus Cristo, e que a essência do verdadeiro Cristianismo consiste em amar a Deus de todo o coração, alma, mente e forças, e ao próximo como a si mesmo.

Assim, repudiamos qualquer forma de indiferença étnica, exclusão, subjugação, ou opressão como um grave pecado contra Deus e o nosso próximo. Deploramos o legado de todas as formas de racismo em todo o mundo, e procuramos enfrentar essa herança através do arrependimento, reconciliação e justiça bíblica. Procuramos o arrependimento de todo comportamento em que tenhamos sido aberta ou secretamente cúmplices com o pecado do racismo, no passado ou no presente; e em confissão e pranto procuramos o perdão e a reconciliação.

Mais ainda, reconhecemos que não há reconciliação sem o esforço humano de se opor e ultrapassar todo o preconceito pessoal, institucional e estrutural, responsável pela opressão e humilhação racial e étnica. Pedimos que os nazarenos em toda a parte identifiquem e procurem abolir atitudes e organizações preconceituosas, proporcionando ocasiões para a busca de perdão e reconciliação, tomando decisões de modo a fortalecer os que tiverem sido marginalizados. [¶915]

Abuso de Desprotegidos. A Igreja do Nazareno abomina o abuso de qualquer pessoa, seja de que idade ou sexo for, e apela para um aumento da consciência pública garantindo uma informação educativa adequada, através das suas publicações.

A Igreja do Nazareno reafirma a sua orientação histórica, de que todos quantos agem sob a autoridade da igreja estão impedidos de má conduta sexual e outras formas de abuso do desprotegido. Quando a Igreja do Nazareno coloca pessoas em posição de confiança ou autoridade, presume que a conduta passada dessas pessoas é, geralmente, uma indicação segura de uma possível conduta futura. A Igreja recusará posições de autoridade a pessoas, que anteriormente usaram uma posição de confiança ou de autoridade para se entregarem a má conduta sexual ou abuso do desprotegido, a menos que sejam dados passos apropriados para prevenir um mau comportamento futuro. Expressões de remorso por parte de uma pessoa culpada, não serão consideradas suficientes para anular a presunção de que é provável que venha a ocorrer má conduta no futuro, a não ser que essas expressões sejam acompanhadas de mudança de conduta observável por espaço de tempo suficiente, de modo a indicar ser improvável uma repetição da má conduta. [¶916]

Responsabilidade para com o Pobre. A Igreja do Nazareno acredita que Jesus ordenou aos Seus discípulos que tivessem um relacionamento especial com os pobres deste mundo; primeiro, que a Igreja de Cristo deveria manter-se simples e livre de ênfase na riqueza e extravagância e, em segundo lugar, cuidar, alimentar, vestir e abrigar os indigentes. Por toda a Bíblia e na vida e exemplo de Jesus, Deus identifica-se com e auxilia os oprimidos e aqueles que na sociedade não têm voz. Da mesma maneira, também nós somos chamados a identificar-nos e a sermos solidários com os menos favorecidos, e não simplesmente a oferecer-lhes boa vontade a partir de posições de conforto. Entendemos que o ministério de compaixão inclui actos de amor cristão, bem como um esforço para proporcionar oportunidades, igualdade, e justiça aos desfavorecidos. Cremos ainda que a responsabilidade cristã para com os pobres é um aspecto essencial na vida de cada crente na procura de uma fé que opera através do amor.

Finalmente, entendemos que a santidade cristã é inseparável do ministério aos indigentes, pois que ela constrange o cristão para além de sua própria perfeição individual, conduzindo-o à criação de uma sociedade e mundo mais justos e imparciais. A santidade, ao invés de distanciar os crentes das enormes necessidades económicas das pessoas no nosso mundo, motiva-nos a oferecer os nossos recursos para as aliviar e a ajustar os nossos desejos de acordo com as necessidades dos outros. [¶917]

<small>Êxodo 23:11; Deuteronómio 15:7; Salmos 41:1; 82:3; Provérbios 19:17; 21:13; 22:9; Jeremias 22:16; Mateus 19:21; Lucas 12:33; Actos 20:35; 2 Coríntios 9:6; Gálatas 2:10</small>

Linguagem Inclusiva de Género. A Igreja do Nazareno afirma e encoraja o uso de linguagem inclusiva de género no que se refere a pessoas. As publicações, incluindo o Manual e a linguagem pública, devem reflectir este compromisso com a igualdade de géneros conforme definido no parágrafo 501. As mudanças de linguagem não se aplicam a qualquer citação das Escrituras ou referências a Deus. [¶918]

A Igreja e a Liberdade Humana. Tendo a preocupação de que a nossa grande herança cristã seja compreendida e salvaguardada, lembramos o nosso povo de que, tanto a nossa liberdade política como religiosa baseiam-se nos conceitos bíblicos da dignidade da humanidade como criação de Deus e da santidade da consciência individual. Exortamos o nosso povo a participar em actividades apropriadas para apoiar estes conceitos bíblicos e a estar sempre vigilante em relação às ameaças a esta preciosa liberdade.

Estas liberdades estão em constante perigo, por isso recomendamos com insistência a eleição, para cargos públicos em todos os níveis do governo, de pessoas que creiam nesses princípios e que respondam somente a Deus e perante o eleitorado que as elegeu para desempenhar um cargo público de confiança. Mais ainda, resistimos a qualquer violação destes princípios por grupos religiosos que procurem favores especiais. Estamos solidários com os nossos irmãos e irmãs a quem tenha sido recusada tal liberdade, por restrições políticas ou sociais.

Cremos que a Igreja tem um papel profético e de constantemente relembrar as pessoas que "a justiça exalta as nações" (Provérbios 14:34). [¶919]

Afirmação e Declaração da Liberdade Humana. Enquanto nazarenos abraçamos a chamada divina para uma vida de santidade, de integridade, e de restauração, em que todas as coisas e pessoas são reconciliadas com Deus. Como resposta, o Espírito Santo liberta o marginalizado, o oprimido, o alquebrado e o ferido, corrige injustiças e faz cessar influências egoístas causadas pelo pecado, até que todas as coisas sejam restauradas no reino de Deus.

De acordo com a nossa herança e carácter wesleyanos e de santidade, confrontamos o flagelo contemporâneo da escravatura moderna, trabalho ilegal ou forçado, e tráfico de seres e corpos humanos. E, segundo estas afirmações, resolvemos que os membros e as congregações da Igreja do

Nazareno Internacional devem:

1. Como um povo de santidade, na busca de justiça, reconhecer que somos chamados ao arrependimento de quaisquer injustiças no nosso passado, corrigir a nossa justiça actual e criar um futuro justo;

2. Responsabilizar os que oprimem outros;

3. Empenhar-se num cuidado compassivo para com os que são envolvidos no trabalho ilegal ou forçado, recolha de órgãos, e escravatura sexual (bem como outra qualquer opressão emergente, mesmo que não seja do nosso conhecimento).

4. Escutar activamente e ampliar o grito dos oprimidos.

5. Denunciar as injustiças e trabalhar humildemente contra as suas causas.

6. Agir solidariamente com a nossa irmã ou irmão contra qualquer obrigação para que sigamos juntos rumo à liberdade; e

7. Caminhar lado a lado com os que são vulneráveis, através de boas práticas que tragam redenção, restauração, cura, e liberdade (1 João 3:8).

Edificados na nossa herança wesleyana de santidade cristã e chamada à santidade, fazemos as seguintes declarações:

1. Afirmamos que a busca da justiça, reconciliação, e liberdade está no centro da santidade de Deus sendo reflectida nas pessoas. Comprometemo-nos, a nós próprios e aos recursos da igreja, a trabalhar para a abolição de todas as formas de escravatura moderna, tráfico, opressão e a participar nas redes intencionais, conversações, e acções que providenciam alternativas de esperança.

2. Afirmamos que as igrejas devem responder ao impulso do amor santo de Deus trabalhando para que o reino de Deus seja cada vez mais visível. Somos chamados a ser testemunhas fiéis no pensamento, palavra e obra, do Deus santo que ouve o clamor dos que são oprimidos, aprisionados, traficados e abusados por pessoas e sistemas económicos, políticos, orgulho e maldade. Deus nos chama para respondermos em humildade com compaixão e justiça.

3. Afirmamos que agir justamente envolve um cuidado compassivo por todos nas nossas imediações, sendo também capaz de alertar sobre a injustiça e denunciar os poderes que a provocam. A acção justa e o amor misericordioso muitas vezes têm colocado o povo de Deus em conflito com os poderes e principados dos nossos dias. A justiça de Deus nos impele para além do tratamento igual, da tolerância às diferenças de outrem, ou simples-

mente revertendo o papel do oprimido e do opressor. Através do exemplo de Jesus, somos chamados para uma rectidão através da qual desejamos desistir de nós próprios a favor do outro.

4. Afirmamos que a rectidão cristã requer, como passos necessários, um compromisso profundo com a confissão pessoal e colectiva, arrependimento e perdão.

5. Afirmamos que devemos defender práticas justas e de esperança em todas as áreas da vida. Reflectindo a esperança compassiva de Cristo e o amor por todas as pessoas, identificamo-nos com as condições que trazem circunstâncias desumanizantes. Falaremos por todos os que não são ouvidos e caminharemos lado a lado com o vulnerável, oferecendo práticas que trazem redenção, restauração, cura e liberdade.

6. Afirmamos que somos chamados a nos tornarmos um povo que encarna uma alternativa de esperança à opressão e injustiça.

Somos também chamados a reflectir o Deus santo em vidas santas, trazendo justiça como estímulo e prática para as pessoas, circunstâncias, sistemas e nações. Embora não possamos acabar com todo o sofrimento, como corpo de Cristo somos obrigados a trazer a santidade de Deus sob a forma de cura à iniciativa redentora de restaurar todas as coisas.

7. Afirmamos que, como uma rede de colaboradores, devemos pensar profundamente, trabalhar

holísticamente, e empenhar-nos local e globalmente. Decisões complexas impulsionam a escravatura moderna; assim sendo, devem ser encontradas múltiplas soluções.

Essas devem partir da essência do que somos na comunidade cristã, fluindo naturalmente para o que fazemos.

Assim prometemos:

1. Trabalhar separadamente e em conjunto, como indivíduos e como instituições, consistentes com a nossa identidade wesleyana e de santidade, servir com compaixão e profeticamente desafiar sistemas opressivos;

2. Apoiar, encorajar, prover recursos, planificar e envolver-se a um tempo em acção eficaz, sábia e sustentável.

3. Trabalhar como uma comunidade de adoração, com Cristo no centro, imbuídos com o poder do Espírito como um movimento de esperança.

4. Pensar profundamente, orar com expectativa, e agir com coragem.

Para isso vivemos e trabalhamos até que o reino de Deus venha "na terra como é no céu." [¶920]

O Valor da Criança e do Jovem. A Bíblia ordena a cada crente: "Abre a tua boca a favor do mudo, pelo direito de todos os que se acham em desolação" (Provérbios 31:8). A Shema (Deuteronómio 6:4-7; 11:19) admoesta-nos a comunicar a graça de Deus aos nossos filhos. Salmos 78:4 declara: "Não os encobriremos aos seus filhos, mostrando à geração futura os louvores do Senhor, assim como a sua força e as maravilhas que fez." Jesus afirma isto em Lucas 18:16: "Deixai vir a mim os pequeninos e não os impeçais, porque dos tais é o Reino de Deus."

Em resposta a esta perspectiva bíblica, a Igreja do Nazareno reconhece que as crianças são importantes para Deus e uma prioridade no Seu reino. Cremos que Deus nos ordena a cuidar de todas as crianças – amar, nutrir, proteger, apoiar, guiar e defender. É o plano de Deus que encaminhemos as crianças para uma vida de salvação e crescimento na graça. Salvação, santidade e discipulado são possíveis e imperativos na vida de uma criança. Reconhecemos que as crianças não são um meio para atingir um fim, mas participantes plenos no Corpo de Cristo. As crianças são discípulos em treinamento, não são discípulos em "potencial."

Então, o ministério holístico e transformacional para as crianças e suas famílias em cada igreja local, será uma prioridade que se evidencia por:

- preparar ministérios eficazes e de capacitação para a criança como um todo – física, mental, emocional, social e espiritualmente;
- articular posições cristãs sobre assuntos actuais de justiça social que afectam as crianças;
- ligar as crianças ao coração da missão e ministério da comunidade da fé;

- discipular as crianças e treinando-as a discipular outros;
- equipar os pais para nutrirem a formação espiritual dos seus filhos.

Uma vez que as instituições de educação da igreja (escolas bíblicas, faculdades, universidades e seminários) preparam os alunos para a liderança, exercem um papel crucial cumprindo a visão e a missão de comunicar o valor da criança. Eles unem-se às igrejas locais e famílias tomando a responsabilidade de preparar membros do clero e leigos, de levantar a próxima geração de crianças e jovens para serem bíblica e teologicamente instruídos, a fim de enfrentarem os desafios conhecidos e desconhecidos de evangelizar, discipular e transformar sociedades.

A Igreja do Nazareno antevê uma comunidade de fé intergeracional em que as crianças e os jovens são amados e valorizados, onde são ministrados e integrados na família da Igreja, através de uma ampla variedade de meios e métodos e onde têm oportunidade para ministrar a outros, de forma coerente com a sua idade, desenvolvimento, capacidades e dons espirituais. [¶921]

Guerra e Serviço Militar. A Igreja do Nazareno acredita que a paz é a condição ideal do mundo e que se torna obrigação da Igreja Cristã usar a sua influência para encontrar meios que permitam às nações da terra viver em paz e devotar todos os seus recursos à propagação da mensagem da paz. Contudo, reconhecemos que vivemos num mundo em que forças e filosofias do mal estão activamente em conflito com estes ideais cristãos, e que podem surgir emergências internacionais que levem uma nação a recorrer à guerra para defender os seus ideais, liberdade e existência.

Conquanto esteja assim empenhada na causa da paz, a Igreja do Nazareno reconhece que a lealdade suprema do cristão é devida a Deus; portanto, a igreja não se empenha em vincular a consciência dos seus membros à participação no serviço militar em caso de guerra, embora creia que o cristão, individualmente, na qualidade de cidadão, deve servir a sua nação por todos os meios compatíveis com a fé cristã e com o modo de vida cristã.

Também reconhecemos que, como consequência do ensino cristão e do anelo cristão pela paz na terra, há entre os nossos membros indivíduos que têm objecções de consciência quanto a certas formas de serviço militar. Portanto, a Igreja do Nazareno reclama para esses seus membros as mesmas isenções e benefícios, quanto ao serviço militar, concedidos a membros de organizações religiosas reconhecidamente anti-bélicas.

A Igreja do Nazareno, através do seu secretário geral, fará um registo em que essas pessoas, que provem ser membros da Igreja do Nazareno, possam declarar as suas convicções como objectores de consciência. [¶922]

Criação. A Igreja do Nazareno acredita no relato bíblico da criação ("No princípio criou Deus os céus e a terra..."—Génesis 1:1). Estamos abertos a explicações científicas sobre a natureza da criação, conquanto nos oponhamos a qualquer interpretação da origem do universo e da humanidade que rejeite Deus como Criador (Hebreus 11:3). (parágrafos 1, 5.1, 7) [¶923]

Cuidado com a Criação. Com profundo apreço pela criação de Deus, cremos que devemos esforçar-nos por mostrar qualidades de mordomia que ajudarão a preservar a Sua obra. Reconhecendo que nos foi dada a co-responsabilidade de manter a integridade do nosso meio ambiente, aceitamos as responsabilidades individuais e colectivas em fazê-lo. [¶924]

(Génesis 2:15, Salmos 8:3-9; 19:1-4; 148)

Evidência do Baptismo com o Espírito Santo. A Igreja do Nazareno crê que o Espírito Santo testifica do novo nascimento e da subsequente obra da purificação do coração, ou inteira santificação, através do enchimento do Espírito Santo.

Afirmamos que a única evidência da inteira santificação, ou do enchimento do Espírito Santo, é a purificação do coração do pecado original, pela fé, como se afirma em Actos 15:8-9: "E Deus, que conhece os corações, lhes deu testemunho, dando--lhes o Espírito Santo, assim como também a nós; e não fez diferença alguma entre eles e nós, purificando o seu coração pela fé." E esta purificação manifesta-se pelos frutos do Espírito numa vida santa. "Mas o fruto do Espírito é: amor, gozo, paz, longanimidade, benignidade, bondade, fé, mansidão, temperança. Contra essas coisas não há lei. E os que são de Cristo crucificaram a carne com as suas paixões e concupiscências." (Gálatas 5:22-24).

Afirmar que qualquer alegada evidência física ou especial, ou "orar em línguas" constitui evidência do baptismo com o Espírito, é contrária à posição bíblica e histórica da igreja. [¶925]

Pornografia. A pornografia é um mal que está a minar a moral da sociedade. Materiais impressos e visuais que degradam a dignidade do ser humano e são contrários à perspectiva bíblica da santidade do matrimónio e da natureza saudável do sexo, devem ser repudiados.

Cremos que somos criados à imagem de Deus, e que a pornografia degrada, explora e abusa de homens, mulheres e crianças. A indústria pornográfica tem por motivação a ganância, é inimiga da vida familiar, tem levado a crimes de violência, envenena as mentes e degrada o corpo. Para honrarmos Deus como Criador e Redentor, exortamos à oposição activa à pornografia, através de qualquer meio legítimo e apoiamos todos os esforços positivos visando alcançar para Cristo aqueles que estão envolvidos neste mal. [¶926]

Modéstia Cristã no Vestuário. Reconhecendo o aumento da tendência da moda para a imodéstia no vestir em lugares públicos, trazemos à memória do nosso povo o nosso conceito cristão de modéstia, como uma expressão de santidade e exortamos que a modéstia cristã seja sempre exercida em lugares públicos. [¶927]

Bem Estar. A bíblia apela todos os crentes a que tenham uma vida de equilíbrio, saúde e plenitude através do poder transformador do Espírito Santo. Glutonaria é a prática de comer em demasia em detrimento do corpo, comunidade e vida espiritual.

Embora a obesidade possa surgir devido a questões genéticas ou limitações culturais ou físicas a glutonaria, por outro lado, reflecte um estilo de vida que devora a boa criação de Deus: alimentos, recursos e relacionamentos que prejudicam tanto pessoas como a comunidade. A prática da mordomia cristã exorta-nos a procurar manter a saúde e a boa forma dos nossos corpos como o templo do

Espírito Santo, assim como viver vidas moderadas com todos os recursos e relacionamentos dados por Deus. [¶928]

(Provérbios 23:19-21; Mateus 11:19; 23:25; 1 Coríntios 9:27; Gálatas 5:23; Filipenses 3:19; Tito 1:8; 2:12; Hebreus 12:16; 2 Pedro 1:6)

Abuso de Estupefacientes. A Igreja do Nazareno continua tendo forte objecção ao uso de estupefacientes, considerando--os um mal social. Exortamos os membros da igreja a exercerem um papel activo e altamente visível, bem como a participarem na educação e reabilitação relativas ao abuso de estupefacientes e à incompatibilidade desse uso com a experiência cristã e uma vida santa. [¶929]

Uso Social de Bebidas Alcoólicas. A Igreja do Nazareno denuncia publicamente a prática do consumo de bebidas alcoólicas em reuniões sociais. Exortamos agências e organizações cívicas, de trabalho, de negócios, profissionais, sociais, voluntárias e privadas a cooperarem na não socialização das bebidas alcoólicas, rejeitando a publicidade e a promoção nos media da aceitação social da "cultura do álcool". [¶930]

Tabaco, Seu Uso e Publicidade. A Igreja do Nazareno exorta o seu povo a pronunciar-se contra o uso do tabaco, tanto como um risco para a saúde como um mal social. A nossa posição histórica firma-se na Palavra de Deus, onde somos admoestados a manter os nossos corpos como templos do Espírito Santo (1 Coríntios 3:16-17; 6:19-20).

A nossa posição contra o uso do tabaco em todas as suas formas é fortemente apoiada por evidência médica, documentada por numerosas agências sociais, governamentais e de saúde à volta do mundo. Estas agências têm provado que é um grande risco para a saúde, e conclusivamente demonstrado que o seu uso pode produzir modificações sérias e permanentes na fisiologia normal do corpo.

Reconhecemos que os nossos jovens são grandemente influenciados pelos milhões gastos na publicidade do tabaco e do mal semelhante que é a bebida alcoólica. Apoiamos a interdição de toda a publicidade do tabaco e das bebidas alcoólicas em revistas, cartazes, rádio, televisão e outros meios de comunicação. [¶931]

VIH/Sida (Vírus de Imunodeficiência Humana/Síndrome de Imunodeficiência Adquirida). Desde 1981, o nosso mundo tem sido confrontado com a mais devastadora doença, conhecida como VIH/Sida. Perante a profunda necessidade dos que sofrem de VIH/Sida, a compaixão cristã motiva-nos a que sejamos correctamente informados acerca de VIH/Sida. Cristo desejaria que encontrássemos um meio de comunicar o Seu amor e cuidado aos que assim sofrem em todo e qualquer país do mundo. [¶932]

Uso da Media Social. Primeiro e acima de tudo, o conteúdo que partilhamos deve ser respeitável. Como em todos relacionamentos interpessoais, cremos que o conteúdo da nossa media social deve ser uma reflexão do coração santificado pelo qual lutamos. O clero e os leigos devem estar conscientes de como as suas actividades na media social afectam a imagem de Cristo e Sua igreja e têm impacto na sua missão dentro das suas comunidades.

As nossas actividades devem ser afirmadoras e provedoras da vida e devem procurar levantar todas as pessoas. [¶933]

(Provérbios 15:4, 15:28; Eclesiastes 5:2-4; Mateus 15:11; Gálatas 5:13-15; Efésios 4:29; Colossenses 4:62; 2 Timóteo 2:16; Tiago 3:1-13)

www.ingramcontent.com/pod-product-compliance
Lightning Source LLC
Chambersburg PA
CBHW031451040426
42444CB00007B/1050